梁啟超在飲冰室

從思想先驅到飲冰室主人，
看盡梁啟超熱血跌宕的後半生

汪兆騫 著

青年梁啟超

老年梁啟超

1906 年，梁啟超與梁思成（左一）、梁思順（右一）、梁思永（右二）

1910 年，梁啟超抱著三歲的思忠（右）和兩歲的思莊

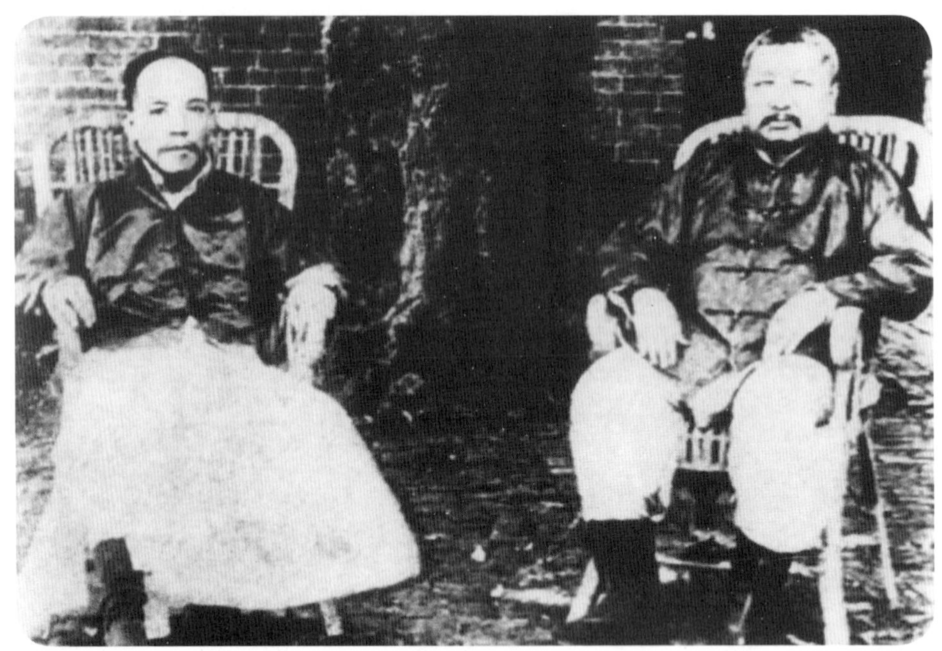

護國軍都司令岑春煊（右）和都參謀梁啟超（左）

1914 年，進步黨要人蔡鍔（前排左一）、梁啟超（前排左四）

1916 年，肇慶軍務院（左起：林虎、李根源、蔣百里、莫榮新、譚浩明、岑春煊、梁啟超、李烈鈞、李耀漢、高爾登）

1919 年梁啟超等在法國參加巴黎和會

1924年，梁啟超與泰戈爾

寫作中的梁啟超

目錄

楔子

梁啟超由日本歸國，在津門籌建飲冰室

甲午戰後，中國陷入深重的民族危機和社會危機，康有為（字廣廈，號長素）、梁啟超（字卓如，號任公）等維新志士，毅然承擔起領導改良、革命、推動中國向近代化方向發展，以救國的歷史重任，發動了資產階級改良運動「戊戌變法」，在自我啟蒙的同時，也以「鼓民力、開民智、新民德」為己任，鼓吹變法，以救亡圖存，宣傳民權、傳播「新學」。戊戌政變失敗後，梁啟超等人總結失敗教訓，借鑒各國變法經驗，認為「吾國言新法數十年而效不睹者，何也？則於新民之道未有留意焉」，「歐洲所以發達，世界所以進步，皆由民族主義所磅礴衝擊而成」，提出「新民為今日中國第一急務」。發起一場以「新民」即改造國民精神為中心的全面、廣泛的思想啟蒙運動。

「百日維新」運動失敗後，梁啟超始流亡海外，辦《清議報》，又於一九〇二年創《新民叢報》、《新小說》。其間「腦質為之改易，思想言論與前者若出兩人」。他逐漸擺脫康有為托古改制、三世之義的理論體系，以西方資產階級的自由、民權、進化思想為理論支柱，以「新民」改善和提高國民素質為目的，開始新一輪思想啟蒙宣傳，並以多種形式，批判傳統思想，揭發社會積弊，宣傳新學思潮，鼓吹「政治革命」，其宣傳產生了廣泛而深刻的社會影響。漫長的流亡生涯，不懈的宣傳鬥爭，使他被譽為「輿論界之驕子」、「思想界之先鋒」。

毅然歸國，是戰士轉戰新的戰場。詩曰：「感時思報國，拔劍起蒿萊。」（陳子昂）

梁啟超是在一九一一年十一月六日搭乘日本輪船「天草丸」歸國的。大海茫茫，寒風呼嘯，他憑欄遠眺，自然憶起漂泊流亡海外十三年的情景，海外生活不僅沒有磨滅他的雄心壯志，反而成就了他胸中的韜略和自信。

梁氏之筆，抵得上十萬雄兵，委實為近代學子最雄健的一支，「其文思墨瀋，幾如風雨驟至，流水湯湯，亦如泉之奔湧，不擇地而出，常常是日試萬言，倚馬可待」（《世紀風鈴》）。正如他自己所說，「平昔眼中無書，手中無筆之日絕少」。一介書生，就憑手中之筆，參與晚清至民國幾乎所有社會歷史政治事件。其筆墨遺存非一般過眼雲煙，可以直接作為重要歷史資料。這些筆墨文字，影響了中國社會的走向，寫就了他自己輝煌的一生。

想到自己就要回到家園，將要做出一番大事業，梁啟超胸中便湧出了詩篇：「冷冷黃海風，入夜吹我裳。西指煙九點，見我神明鄉。昔為錦繡區，今為腥血場。嗷鴻與封豕，雜廁紛相望。茲括安可觸，弛恐難復張。仰視雲飛浮，俯瞰海汪洋。天運亮可知，回向惻中腸……」

「天草丸」三天後抵達大連港。

見到久別的故國山河籠罩在蕭條肅殺的陰霾中，梁啟超不禁倏然淚下。一切變得撲朔迷離，將怎樣收拾這舊山河！

梁啟超的腳剛踏上故國的時候，袁世凱（字慰亭）派人到石家莊刺殺了吳祿貞，又罷免了藍天蔚。而這兩個手握重兵的人物，正是梁啟超歸國後要倚仗的重臣。此二人被除，袁世凱便控制了禁衛軍等要害部門。這樣，梁啟超原來想挾兵勇入北京定大局的計畫，灰飛煙滅。然而書生梁啟超並未絕望，他認為，京城清廷內部在此亂局，會不利於立憲黨和革命黨，於是便冒險進京，「身赴前敵」，以占先機。

此時，對梁啟超「終身敬之如師」的奉天（瀋陽）督練所總參謀蔣方震（字百里），前來與其晤談。這讓梁氏心中大喜，有「百數十軍士」可以提供驅使，免去單刀赴會之尷尬。

接著又有在京師活動的親信湯覺頓，急匆匆來到奉天，告訴梁啟超京師方面已有防備，萬萬不能飛蛾撲火。在大連的熊希齡（字秉三）也打來電話，云形勢大變，勸其再返日本避難。

梁啟超再次乘船到了日本，同時密切關注著政局的變化，並著文〈新中國建設問題〉，縱論世界大勢，指出中國未來發展的可能性、必要性，分析了單一國體和聯邦國體的問題以及君主立憲制和民主共和制的問題，提出英國式的君主立憲制適宜於中國：「吾民族中有孔子之裔衍聖公者，舉國世澤之延未有其比也。若不得已，而薰丹穴以求君，則將公爵加二級，即為皇帝。」這反映了梁啟超面臨革命大變局的進退失據。梁公與康有為，一直想為中國人尋找皇帝，他們二位此舉，在辛亥革命之後，實在不得人心。

在梁啟超苦心孤詣地為中國設計「君主立憲」之時，他萬萬沒想到，在一九一二年伊始，孫中山乘坐京寧線火車，到南京去就任中華民國臨時大總統。

晚，孫中山在授任大總統的典禮上發表誓詞：「顛覆滿清專制政府，鞏固中華民國，圖謀民生幸福，此國民之公意，文實遵之，以忠於國，為眾服務……」

孫中山宣布改國號為中華民國，一九一二年為民國元年。

遠在日本的梁啟超聽聞，震驚不已。短短時間，中國竟發生了天翻地覆的變化，奇跡般誕生了一個新的中國。他感到自己被國家拋棄，被時事拋棄，成了一個可憐的局外人。

但梁啟超畢竟是一個在政壇浮沉多年的人，憑他的經驗，中國的政局仍存在太多的變數，實力派袁世凱，將是一個能左右大局的關鍵人物。時袁世凱已向他做了種種不同尋常的表示，梁啟超決定立即回國。政治舞臺少不了他。

一九一二年二月十二日，清帝頒布退位詔書，溥儀成了遜帝。兩天後，曾是清廷重臣的袁世凱，從孫中山手裡接任臨時大總統之職。梁啟超即發賀電，祝袁就任。接著，梁啟超又寫長信，獻上安邦定國之策，並表示願為其服務、與之合作之意。

梁啟超除了聯合袁世凱，已無路可走，但以他的性格，豈能表現得甘當別人的奴才，令世人恥笑？二月二十三日，他決定給袁世凱寫信，表示願意合作，頗費了一番心思。這信寫得字斟句酌，既能讓袁感到他誠心誠意為其效力，又不能顯出卑躬屈膝之態：

歐陽公有言「不動聲色，而厝天下於泰山之安」，公之謂矣。三月以前，舉國含生，汲汲顧影，自公之出，指揮若定，起其死而肉骨之，功在社稷，名在天壤，豈俟鯫生揄揚盛美者哉！今者率土歸仁，群生托命，我公之所以造福於國家者，實僅發端，而國民所為責望於我公者，益將嚴重。

在袁世凱的催促和各界人士的敦請下，梁啟超再度買舟歸國，於一九一二年九月底自神戶起程。

十月五日，郵輪抵達大沽，八日到天津。在給長女梁思順（字令嫻）的信件中，梁啟超述舟中生活：

登舟吸納海風，宿疾全愈，胃氣逾壯。門司展輪之翌晨，風頗劇，第三日至平穩，第四日之夕，又遇大風，並我亦覺體中不適，荷丈（湯覺頓，原名叡，又名為剛，字覺頓，受業康門後號荷庵）則幾於無心人世矣。惟爾二叔飲啖更健，真可人也。此次因船小無散步處，悶守小室中，殆無復海行之樂，幸同行有數人，得諧談消遣耳。因風稍遲數時乃到大沽，初五晨十時到沽。遂不能趁早潮直至，今初五晚十時可進，明日破曉登岸也。船到步〔埠〕後，尚須候一日，此真天下所無，此中國之所以為中國歟！

梁啟超到天津後，住旬餘日，幾日來「無一刻斷賓客」，唐紹儀及前直督張錫鑾來謁，趙秉鈞、段祺瑞皆派代表來問候，「門簿所登已逾兩百人矣。各省歡迎電報，亦絡繹不絕，此次聲光之壯，真始願不及也」（民國元年十月十一日〈與嫻兒書〉）。

北京的《順天時報》對先生抵天津後的活動也有報導：

先生因直督派人遠迎，日本領事、王交涉使及楊警道招待一切，午後二時特分往各處投刺，除日領因病未晤，餘皆延入暢談。直督素傾慕先生，談話尤為誠懇。謂建設民國事業，非先生莫屬云……

時國民黨歡迎其入黨，也專人來勸駕，「然此安可者，只有拒絕之而已」。共和、民主兩黨大約兩旬後聯合，兩黨員皆有「哀鳴思戰鬥，迥立向蒼蒼」之決心。為此，梁啟超於十月二十日入京。袁世凱致敬盡禮，「預備軍警公所為行館」，「各界歡騰，萬流輳集前途氣象至佳」。梁啟超在京居住十二日，赴會十九次之多，每日都是沉於各界熱烈歡迎的場景中，可謂「人氣集於一身」。在梁啟超看來，「上自總統府、國務院諸人，趨蹌惟恐不及，下則全社會，舉國若狂」。

梁啟超於十一月一日復返天津。不久，俄蒙協約案發生，京城風起雲湧。「內閣殆將必倒」，此難題將落在梁啟超身上。他是「抵死決不肯就」的，如面臨相逼，他決定再次赴日。

果然，俄蒙事發，梁啟超家幾成國務院。政府狼狽求救，社會沸熱如狂，梁啟超只能苦苦應付。他「煩躁異常，又見國事不可收拾，種種可憤可恨之事，日接於耳目，腸如湯，不能自製」（民國元年十二月二十日〈與嫻兒書〉）。

一九一三年二月，梁啟超正式加入共和黨。他在給長女的信中說：「吾頃為事勢所迫，今日已正式加入共和黨，此後真躬臨前敵也。」當時，國會議員以兩百八十八人為半數，共和黨得兩百五十人，民主黨約三十人，統一黨約五十人，剩下的便是國民黨。共和、民主、統一黨欲推梁啟超為第一內閣主政，梁啟超不就，因他知道，「借款各路俱絕，政局危險不可言狀，此時投身其中，自謀實拙」。

三月三日（陰曆正月二十六），梁啟超壽辰，京、津諸友慶祝於天津孫家花園，「作種種娛樂之具」，放爆竹數萬，熱鬧非常。諸友鬥牌，梁啟超「得博進四百餘，足敷明日還席之用」。但「國事杌隉（不安定之意）」，他感到十分不安。果然，當月受袁世凱之邀，赴京開會的國民黨領袖之一宋教仁，在上海滬寧車站被刺身亡，舉國駭然。

梁啟超對國事十分失望，「待議員到京後，訓練月餘，尚思往南省一行」。面對種種混亂腐敗之象，筆安能罄，幾與妖魔周旋，不知如何去辦，深受其苦。更讓他不解的是，宋教仁被刺，外界竟將自己列入重大嫌疑者。

三月二十五日，梁啟超在給長女梁思順之信中說：

> 第三十三號稟悉。吾多日來為政界惡現象所激刺，心頗不適，然每得汝書及作書與汝，總算一樂事也。宋氏之死，敵黨總疑是政敵之所為，聲言必報復，其所指目之人，第一為袁，第二則我云。此間頃加派員警，保護極周，將來入黨後更加嚴密，吾亦倍自攝衛，可勿遠念。南行則決作罷論矣。合黨事中變與否，尚未可知。吾則俟一切整備發表時乃入都。在中國政界活動，實難得興致繼續，蓋客觀的事實與主觀的理想，全不相應，凡所運動皆如擊空也。東中游觀之樂，只勞夢想耳。今日往友人處看了一日古董，稍解煩襟。

自宋案一出，梁宅每日無一刻斷客，梁啟超還要埋頭寫文，如「新黨之宣言書」，所以他「精神憊倦已極」，苦不堪言。他認為，「新黨亦決辦不好」，自己既不能置身事外，又不值得與之俱斃，決定半積極半消極。自己「性質與現社會實不相容，愈入之愈覺其苦」。處天津可以不常居京，計良得也。這也是他在天津購地，擬建居所的重要原因。

關於沸沸揚揚的宋教仁案，梁啟超曾表示：「吾與宋君，所持政見時有異同，然固確信宋君為現代第一流政治家，殲此良人，實貽國家以不可復之損失，匪直為宋君哀，實為國家前途哀也。比聞元兇已就獲，國法所在，當難逃刑，然雖磔蚩剸莽，曾何足以償國家

之所喪於萬一者。詩曰：『作此好歌，以極反側。』輒為此篇，以寄哀憤。」（《庸言報》第一卷第九號）

過了幾日，四月九日（陰曆三月初三），梁啟超邀集各界名士四十餘人修禊於京西萬牲園。萬牲園是前清三貝子花園，京津第一幽勝地，牡丹海棠極多，時皆含苞待放。「老宿咸集」，修禊賦詩，林琴南、姜穎生有畫配之。

四月十四日，共和黨理事長黎元洪（字宋卿），也在萬牲園宴請該黨參、眾兩院議員，與會者達三百餘人。席間，梁啟超發表了三小時的演說，題為「共和黨之地位與其態度」，詳細論述了共和黨以後應持的態度和應注意的事項。

自政府下令召集國會以來，各黨紛紛競選，梁啟超目睹國事、黨事之無望，常常有消極態度。四月八日，國會開會，梁因見國民黨勝利、共和黨失敗的結果，以及種種黨事的糾紛，一度想放棄政治生活，心緒頗為惡劣，但又考慮「為今日之中國人，安得有泰適之望，如我者則更無所逃避矣」。

統一、共和、民主三黨合併問題，醞釀數月，方合併成功，名進步黨。梁啟超任理事。五月二十九日，進步黨於京師舉行成立大會。三十一日，《申報》記其事：

昨日進步黨成立會到千五百餘人，梁任公、孫武、王印川並有演說，秩序甚整。並舉黎元洪為理事長，梁啟超、張謇、伍廷芳、孫武、那彥圖、湯化龍、王賡、蒲殿俊、王印川為理事。

六月十五日，進步黨開會討論時局問題。梁啟超為主席，其演說略謂：現今時局所極應研究者，為總統與憲法之問題。他主張先定憲法，後興總統。總統仍推袁。

七月十二日，李烈鈞據江西湖口，宣布獨立，二次革命爆發。

八月十五日，梁啟超與陳煥章（字重遠）、夏曾佑（字遂卿，又作穗卿）等人上書參眾兩院，請於憲法中明文規定孔教為國教。此議後被憲法起草委員會多數否決。

九月，政府軍克復南京，梁啟超被任命為司法總長。之後，梁對於安置同學、同志的事感到困難，發表〈告鄉中父老書〉，當中說「啟超頃以時局艱難，勉負職任，只圖負責，不敢怙權」，希望鄉中父老兄弟人等不要為謀私利而讓他為難。

十月六日，國會選舉袁世凱為正式大總統。次日選舉黎元洪為副總統。

梁啟超入閣，舉國矚目，都以為指揮當日政府者乃梁啟超。所以國民黨被解散後，全國輿論多歸罪梁啟超。當日進步黨黨員兼眾議院議員劉偉致梁啟超的一封信可見：

……自公等入閣，何為以破壞國會為初哉首基之政策耶……國事巔嶮，人心疑慮，眾怨既歸，想先生亦百口難辭。不佞於公服膺甚至，忝在同黨，謹以迂闊不入耳之言進，幸賜省裁。（民國二年十二月七日劉偉〈致任公先生書〉）

事實上，劉偉諸人錯怪了梁啟超，七月二十五日其〈上袁大總統書〉中說「前日因公於俱樂部所逮捕之人，有數議員在內，國民黨中大起恐慌，其議員紛紛出京，其黨中魁傑之主持陰謀者，即思利用此時機，以消極的手段破壞國會」，暗指袁氏操縱，肆意抓捕議員，企圖解散國民黨乃至政府。

一九一四年，政府宣布停止兩院議員職務。二月，梁啟超被任命為幣制局總裁。梁啟超數次請辭司法總長一職，但袁世凱始終慰留，後來終於同意。梁啟超向部屬報告辭職原因，十幾年後其部下余紹宋（字越園，早年曾用樾園、粵采、覺庵、覺道人、映碧主人等別名）給朋友的一封信，道出了真相：「袁氏頗欲盡廢新立法院，恢復舊制，任公力爭之。」（民國十八年五月二十八日余紹宋〈致在君先生書〉）然不行，故梁啟超請辭。但梁啟超在維護司法和在困難環境中的奮鬥精神，不少同志皆有文字記述。

辭去繁忙的司法總長之職，梁啟超便投身天津寓所的建造工程。梁啟超於一九一四年底購買了天津義租界西馬路（今中國民族路）周氏的地皮，近四畝，由梁啟超自己設計，經義租界工部局工程處審定後，開工建造。

梁啟超原在北京是有住宅的，那是舊簾子胡同裡一個偌大的四合院。他知道，京城乃天子腳下，是政治中心，各種矛盾錯綜複雜，對一個政治家來說，非安全之地。所以他在從日本回國之後，就在天津日租界住了下來，租界地不歸清政府管轄。

在梁啟超的監督下，樓宇順利建成，為磚石木結構二層義式樓房，簡潔恢宏，與周邊建築頗為和諧。前後共有兩幢，樓與後樓有走廊、天橋連接，成為一個主體，建築面積總共是一千一百五十九平方公尺。前樓為主樓，有地下室、過廳、起居室、書房等，東北側建有八角形塔樓。後樓有廚房、客房、雜物間、用人房和鍋爐房等。

主樓外牆為水泥本色，與深色大門和無數長方形採光、通風極好的雙槽窗套相映襯，顯得典雅考究。樓內配備了當時先進的衛生設備和冬季供暖設備，房間陳設布置舒適。

梁啟超全家是於一九一五年，宅院的房舍建好並裝飾一新後搬進西馬路二十五號新宅的。一、二層由互通的隔扇門分為東西兩部分。東部是梁啟超專用，樓上是書齋、圖書館室和浴室，樓下是過廳、小書房、客廳和起居室。西部為家人居住之所和客人留宿之舍。

十年後，幼子梁思禮出生，家中總共有十幾口人，梁啟超的大量藏書也開始無處安放。院子裡還有空地，一九二四年，梁啟超請義大利設計師白羅尼歐設計，在西馬路二十五號院內舊樓西側，蓋了一幢兩層帶地下室的磚木結構小樓。建築面積比舊樓小些，約為九百五十平方公尺。

新樓建築風格與舊樓迥然不同，頗具當時歐洲流行的風格，極富個性，樓門建有三連拱券廊廈，門頂有平臺。兩側為石階，一蓄水池居中間，一大理石雕成的石獸，口中常年噴出清泉，極具觀賞性。

一樓大廳，光線明亮，寬敞高調，夏季梁啟超就在此開辦「飲冰室暑期講學館」。大廳的周圍有五間房，其中四間是梁啟超的書房和圖書資料室，滿牆圖書，另一間雜用。二樓靠西北角，也是一間大廳，中間放一張長桌，周圍放置十把紅木椅。這裡主要用於接待軍政界人物及社會名流。靠東南角的幾間房，是梁啟超的臥室及圖書資料室。

新樓建成，梁啟超並未入住，而應友人之請，租作中原公司專營貿易之辦公樓，後租賃期滿，收回自用，將「飲冰室」書齋之名專用於此樓。

梁啟超的幼子梁思禮回憶幼年生活時，寫道：「飲冰室是父親寫作的地方⋯⋯書房裡面的大書櫃也給我留下了很深的印象，書櫃上面擺滿了線裝書，他收集的許多珍本奇本，都彙集在那裡。」

「飲冰」二字，語出《莊子・內篇・人間世》：「今吾朝受命而夕飲冰，我其內熱與？」意為極度恐慌、焦灼。成玄英疏：「諸梁晨朝受詔，暮夕飲冰，足明怖懼憂愁，內心熏灼。」梁啟超自云：「性稟熱力頗重，用世之志未能稍忘。」說得貼切。

梁啟超曾有《讀陸放集》組詩，表達自己對國家命運、人民生計的憂患焦灼之情，其一云：

辜負胸中十萬兵，百無聊賴以詩鳴。
誰憐愛國千行淚，說到胡塵意不平。

早在一九〇二年於日本橫濱創辦《新民叢報》時，梁啟超就曾以筆名「飲冰子」發表作品，如〈小說與群治之關係〉。後又在該報開闢《飲冰室詩話》專欄，撰寫了不少詩話，這是筆名「飲冰室」首次出現。同年，梁啟超又在橫濱創辦《新小說》雜誌，創作小說《新中國未來記》在上面連載。這是中國第一部連載小說，小說發表時署名「飲冰室主人」。同年歲尾，上海廣智書局出版了梁啟超的《飲冰室文集》。

梁啟超逝世後，一九三六年，中華書局出版發行了四十冊一百四十九卷，約一千四百萬字的《飲冰室合集》。於是，「飲冰子」、「飲冰室主人」成為梁啟超的代名詞。梁啟超的文字廣為流傳，其大名如雷貫耳。

梁啟超好學勤思，其才學綜合了舊學根底與西學，其思想敏銳，善於抓住問題的實質，因此其筆端多帶豐沛的感情，敘述暢達，氣勢如虹，論辯銳不可當。當然，梁啟超的文字亦有缺憾，對世事時潮反應近切，未經提煉，顯得雜蕪，難免有局限。此不多論。

書齋自古是讀書人的精神家園，歷代文人雅士皆講究書齋的命名，書齋名或以自勉，或以寄情，或以明願，故多意味雋永，饒有情趣。梁啟超一生書房頗多，書房名也多，如「自由齋」、「晦庵」、「攬翠山房」等，對「飲冰室」尤為鍾愛，一九二四年，新樓落成，「飲冰室」這一個虛擬的文化符號，變成了一座壯麗的建築實體，梁啟超真正成為「飲冰室」主人。

從一九一五年始梁啟超搬進舊居，再到後來搬進「飲冰室」，至一九二九年病危，一共十四個寒暑，如其過往，挾其歷史上顯赫的地位，旋進旋退於軍閥官僚、奸雄宵小之間。一介書生，參與了民國初年幾乎所有的重要社會歷史活動，其身影出現在波詭雲譎的煙雲之中，其文章遍涉政治、經濟、文化、思想各方面的問題，其筆墨遺存非過眼風塵，而是重要的歷史資料，見證了歷史的種種景象。正所謂：「萬事禍為福所倚，百年力與命相持。立身豈患無餘地，報國惟憂或後時。」（梁啟超〈自勵〉）

民國後從政，袁世凱稱帝後的討袁發起人之一籍忠寅（字亮儕）挽梁啟超之詩，要語不繁，對一生大義之歷史人物的春秋功罪，講得涇渭分明，褒貶有據，詩曰：

天道無常更莫論，康強奄沒病夫存。
銘章本擬煩宗匠，淚眼翻成哭寢門。
一死一生疑是夢，九天九地欲招魂。
只知此別私心痛，俎豆千秋未是尊。

萬派橫流置此身，平生懷抱在新民。
十年去國常望楚，一語興邦不帝秦。

最有昨非今是想，幾為出死入生人。
羊曇忍過西州路，零落出邱不復春。

四海風聲誠遠矣，一時譏謗亦隨之。
早年手定熙寧法，晚歲名題元祐碑。
朋黨異同何足論，春秋知罪兩難辭。
區區未覺阿私好，從小文章入腎脾。

論學差如井灌園，一時黃槁變青繁。
彼天本以人為鐸，舉世相忘水有原。
積糞偶然金可沒，斯文未信火能燔。
滄江千古清無改，不必巫咸下問冤。

有人說，梁啟超住進飲冰室後，幾乎謝絕賓客，不談政事，只埋頭著述。埋頭著述不假，但說其不問政治則不當。梁啟超在津門飲冰室十四個春秋，從未忘記國事、家事、天下事。下面，本書按時序呈現梁啟超先生在津門飲冰室時期發生的事蹟。

第一章

袁世凱復辟稱皇帝，策動蔡鍔建護國軍

乙卯（一九一五），梁啟超四十三歲。

正月，中華書局聘為《大中華》主任撰述。十八日，日本向中國提出二十一條要求。

二月，袁世凱聘梁啟超為政治顧問。

三月，袁世凱令梁啟超考察沿江各省司法教育。

四月，梁啟超回廣東老家省親，兼慶父壽。

五月九日，政府承認日本提出關於二十一條要求之最後通牒。

六月，梁啟超由粵北返，過南京時，與馮國璋談帝制問題，當即偕馮入京諫袁。

七月三日，參政院推定梁啟超與李家駒等十人為憲法起草員。

八月十四日，楊度、嚴復、劉師培等人在北京發起籌安會，為袁稱帝造輿論。梁啟超針鋒相對，寫〈異哉所謂國體問題者〉檄文批判。

十二月九日，梁啟超離開天津，起程南下，與蔡鍔（原名艮寅，字松坡）合作從事倒袁運動。二十五日，雲南宣布獨立，蔡鍔組建護國軍，進行討袁。

一九一五年一月，袁世凱長子袁克定設宴款待梁啟超。席間，袁克定、楊度等詆毀共和制，轉達袁世凱想變革國體的想法，並徵求梁啟超是否同意他們的意見。梁啟超當場表示反對，並詳陳國家內外的危機，提出共和是唯一的正確選擇。

也是一月，中華書局創辦《大中華》雜誌，特聘梁啟超擔任總撰述，出版，訂三年契約。雜誌《宣言書》裡說：

梁任公先生學術文章海內自有定評。竊謂吾國中上流人稍有常識，固先生之功居多，而青年學子作應用文字其得力於先生者尤眾。吾《大中華》雜誌與先生訂三年契約，主持撰述。

梁啟超在天津為《大中華》雜誌撰凡數千言之〈發刊辭〉，文中對當時亡國的種種現象分析得詳盡透徹，其中說：

問者曰：吾子不云乎，我國民積年所希望所夢想，今殆已一空而無復餘。夫我國民前此固共信國之可救也，奔走謀救之者，亦既有年，仁人志士既竭心力繼之以血者，且不知幾何姓矣，而結果竟若此。自今以往，即共持吾子所謂明瞭堅強之自覺心者，而報國亦有何道？應之曰：不然，我國民前此之失望，政治上之失望也。政治不過國民事業之一部分，謂政治一時失望，而國民遂無復他種事業，此大惑也。且政治者，社會之產物也，社會凡百現象皆凝滯窳敗，而獨欲求政治之充實而有光輝，此又大惑也。夫今日之政治與吾儕之理想的政治甚相遠，此何必諱言者。雖然，平心論之，在此等社會之上，其或者此種政治，尚較適切，易以吾儕所懷想者，其敝或且更甚於今日。蓋誰與行之，而誰與受之者？吾以為中國今日膏肓之疾，乃在舉全國聰明才智之士，悉輳集於政治之一途。

一月十八日，日本向中國提出二十一條要求。時梁啟超在天津的著述多涉及日本外交問題，此類文章皆刊登在《京報》和《國民亞細亞》等報上。二月，梁啟超給張一麐（字仲仁）的一封信，談及他對外交問題的態度：

頃都中一友人其人在東交民巷，交際極廣。有電話來，言得確實消息，謂小鬼曾以要求條件十一款通告英、俄等國，而所通告者與其所要求我者大不同，英國洞悉其奸，正有所以待之，小鬼著急，頃極力運動我政府，抽換原條件云云，不審果有此事否。若有之則主座當必有以處之，決不受其播弄也。既有所聞，故以走告。主座批陸使電呈語誦悉。愛護之深，感激豈可言罄，當遵慈諭，益自矜慎，惟義憤所迫，遂不能多所瞻顧，昨又寄一文去矣。

英文《京報》初約弟作文時，弟與嚴訂契約，謂言論須完全獨立，若有他人授意彼報，強我作者，我即立刻與彼報斷關係，且窮詰其資本所自來，彼言絕無外資，弟乃應其聘。小鬼含沙之射，吾固不能禁其不射，彼亦終不能禁吾不言也。魔鬼日來對於我種種運動，可笑可憤，弟之避地，頗亦避彼之相嬲耳。

二月，袁世凱聘梁啟超為政治顧問，三月又派其考察沿江各省司法教育事宜。梁啟超皆未受命。

四月末旬，梁啟超赴原籍廣東省親，為其父蓮澗先生賀壽。「老人康豫歡悅，自不待言，抑幾於全城雷動矣。」在八旗會館開宴，官紳商咸集，熱鬧非凡。其間，有「亂黨九人，各挾爆彈，擬到鄉祝壽」，乃伺機謀殺，後被官兵破獲。官兵死一人，傷八人。可見梁啟超開始被人追殺，但倖免於難。

梁啟超由粵北上，途中遊滬、寧、杭州、蘇州等地，以考察世情。過寧時，曾與馮國璋晤談帝制問題，是時北京進行其事甚烈。所以梁啟超於六月底偕馮國璋入京。

馮國璋未見袁世凱之前，就對梁啟超說：「我的辯說能力遠不如你，而實力你不如我，我們兩人聯手開導袁氏，或許能挽救危機。」梁啟超接受馮國璋的意見，用一晝夜草擬進諫綱要。

梁啟超和馮國璋來到總統府。袁世凱對兩人的到訪十分高興，設宴款待。宴席上，梁啟超準備發言，袁世凱立刻笑曰：「你們兩人來訪，我知來意，想勸我不做皇帝。但我問兩位，我袁某欲做皇帝者，究思做一代皇帝而絕種乎，抑思做萬代皇帝而無窮乎？」

梁啟超和馮國璋兩人聽罷，十分愕然。袁世凱又笑道：「余非癡人，自然欲做萬代天子。」接著，他歎息曰：「我有豚犬二十餘人，我將盡數呼出，站立於你們兩人之前。任公，君最善知人，我即托任公代我選擇一子，可以繼立為皇帝，可以不敗我帝業，不致連累掘我祖墳者。任公，待君選出之後，我再決定稱帝，如是者可以稱帝二代。」

梁啟超和馮國璋兩人聽罷，相視一眼，無言以對。此次勸諫無果而終。

後來，梁啟超在〈國體戰爭躬曆談〉中說：「袁氏語我及馮將軍，皆矢誓不肯為帝，其言甚懇切。」

出了總統府，梁啟超便乘車回天津寓所。

七月六日，憲法起草委員會舉定梁啟超等十人為起草委員。《申報》有文說：「七月六日大總統申令憲法起草為約法上制定憲法程式之一，現據參政院呈報，業經依法推舉李家駒、汪榮寶、達壽、梁啟超、施愚、楊度、嚴復、馬良、王世微、曾彝進為憲法起草委員，自應由委員依法組織憲法起草委員會，所有該會紀錄事務暨一切事務，著派林長民（字宗孟）辦理，此令。」

梁啟超自憲法起草委員會成立之後，僅進京赴會兩三次，即不再往。梁啟超參加憲法起草委員，朋友有不滿，社會輿論也多非議，他因此寫下〈憲法起草問題答客難〉，聲明理由和立場：「吾於現時制定憲法，其所懷疑者如右，然而猶就此職者，則以其所擬者為中華民國憲法草案故。『子貢欲去告朔之餼羊，子曰：賜也，爾愛其羊，我愛其禮。』吾之不舍，猶斯志也。若夫全案精神乎，條文內容乎，寧復有討論之價值。」

八月十四日，楊度、嚴復、劉師培諸人，為袁世凱恢復帝制在京發起籌安會，鼓噪之聲甚囂塵上。袁世凱為恢復帝制而加緊籌劃，梁啟超與蔡鍔取得了聯繫。蔡鍔是梁啟超任職長沙時務學堂時的弟子，曾任雲南都督，後被袁世凱調到北京任虛職。

八月十五日，蔡鍔悄悄來到天津拜見恩師。而後便有了到湯覺頓家共商討袁之舉，「為四萬萬人爭人格起見，非拼著命去幹這一回不可」。後來，梁啟超在一九二二年十二月二十五日為南京學界全體公開講演的〈護國之役回顧錄〉中談道：

民國三年（一九一四）年底，袁世凱的舉動越看越不對了，我們覺得有和他脫離關係之必要，我便把家搬到天津，我自己回廣東去侍奉我先君，做了幾個月的鄉間家庭生活。那年陰曆端午前後，我又出來，到南京頑耍。正值馮華甫（馮國璋）做江蘇將軍，他和我說，聽見要辦帝制了，我們應該力爭，他便拉我同車入京，見袁世凱，著實進些忠告。不料我們要講的話，袁世凱都先講了，而且比我們還痛切，於是我們以為他真沒有野心，也就罷了。華甫回南京做他的官，我回天津讀我的書。過了兩個多月——我記不清楚是那一天——籌安會鬧起來了。籌安會發表宣言的第二日（一九一五年八月十五日），蔡公（蔡鍔）從北京搭晚車來天津，拉著我和我們另外一位親愛的朋友——這個人現還在著，因他不願意人家知道他，故我不說他的姓名——同到湯公覺頓寓處，我們四個人商量了一夜，覺得我們若是不把討賊的責任自己背在身上，恐怕中華民國從此就完了。因為那時舊國民黨的人，都已逃亡海外，在國內的許多軍人文人都被袁世凱收買得乾乾淨淨。蔡公說：「眼看著不久便是盈千累萬的人領王莽功德，上勸進表，袁世凱便安然登其大寶，叫世界看著中國人是什麼東西呢？國內懷著義憤的人，雖然很多，但沒有憑藉，或者地位不宜，也難發手。我們明知力量有限，未必抗他得過，但為四萬萬人爭人格起見，非拼著命去幹這一回不可。」

梁、蔡等人發起的護國戰爭，實際就是反對袁世凱復辟帝制的武裝鬥爭，正是護國戰爭推翻了洪憲帝制，將竊國大盜袁世凱埋進了墳墓。

在護國戰爭中，文人梁啟超扮演了軍師的角色，正是在他的精心策劃和指導下，護國戰爭取得了勝利，袁世凱的帝制夢變成了一枕黃粱，嗚呼哀哉。

梁、蔡、湯三人一致認為，武裝鬥爭唯一的實力，就是蔡鍔在雲、貴的舊部，但按照交戰雙方的實際情況，有幾個難題。

其一，要發動蔡在雲、貴的舊部，必須由蔡鍔親自指揮，還要抓緊時間，若請舊部到京，然後再回雲、貴，得三個月時間，會貽誤戰機。

其二，反袁，梁是用筆，蔡是用兵，如何不被袁發現，也是難題。

於是，兩人上演了一場雙簧戲，梁寫〈異哉所謂國體問題者〉作為檄文，而蔡在京聯合諸多軍官，表示支持帝制，來迷惑袁世凱。

不過，袁世凱一直懷疑蔡鍔有二心，一直設法監視防備。

蔡鍔被袁世凱調到北京，名為升遷，實為控制。因為蔡鍔是擁有兵權的雲南都督。蔡鍔處處謹慎，隱蔽得自然妥帖。甚至在北京軍人發起改行帝制請願之時，蔡鍔也表現得非常積極。在談到梁啟超時，他說：「先生是位好人，只不過書呆子氣太重，不識時務。」；「他做不成什麼大事。」消息傳到袁世凱那裡，袁世凱不無欣慰：「我看松坡（蔡鍔字）不錯，過去我誤認為他伺機謀反，竟看錯了人。」袁氏渾然不知一隻猛虎正在他身邊臥薪嚐膽，他馬上就要坐上皇帝的寶座，接受百官朝賀，於是放鬆了警惕。

就在乙卯夏秋之交，蔡鍔、梁啟超、湯覺頓正緊鑼密鼓地策劃武力反袁。為了掩人耳目，蔡鍔還殷勤前往八大胡同陝西巷小鳳仙處，兩人的風流韻事，廣為流傳。袁世凱心中暗喜，自古英雄難過美人關，英雄氣短，必成不了大事。袁世凱終於放心了。

蔡鍔帶來京城籌安會鼓噪恢復帝制的資訊，孫中山等人流亡海外，內部已有許多官吏和軍人，皆被袁世凱收買，反袁討袁進行得非常艱難。

梁啟超說：「我的責任是用筆宣傳言論，喚起人民反對帝制的熱忱。」蔡鍔說：「我在軍界深自韜晦，集聚力量，密圖匡復。」

眾人商定，由湯覺頓等人先赴雲南，王伯群赴廣西做準備。又計畫讓蔡鍔先去日本，再回雲南，梁啟超先到上海，再赴廣西。反袁的重要人物，避開北洋軍的實力，在西南地區建立護國大本營。

梁啟超送蔡鍔離開自家寓所時，對他說：「松坡，反袁稱帝全靠你了！」之後他一直看著蔡鍔，直到他的背影消失……。

同時，梁啟超寫〈異哉所謂國體問題者〉一文，並在八月二十三日給長女梁思順的信中表達對籌安會活動的不滿：「已作一文，交荷丈帶入京登報，其文論國體問題也。若同人不沮，則即告希哲，並譯成英文登之。吾實不忍坐視此輩鬼蜮出沒，除非天奪吾筆，使不復能屬文耳。」

〈異哉所謂國體問題者〉所論反對變更國體的理由，詳盡而有力，痛斥帝制之非，並云如果由此行之，就算中國全四億人皆贊成，梁啟超自己一人斷不贊成。

八月二十日，〈異哉所謂國體問題者〉在《大中華》雜誌發表，接著各大報紙紛紛轉載，文名震動海內外。蔡鍔對此文評價道：「先生居虎口中，直道危言，大聲疾呼。於是已死之人心，乃振盪昭蘇，先生所言全國人人欲言，全國人人所不敢言。抑非先生言之，固不足以動天下也。」

九月三日，〈異哉所謂國體問題者〉在英文《京報》的漢語版發表，洛陽紙貴，一報難求。京城人人都在閱讀梁啟超的文章，反對復辟深入人心。

九月四日《申報》轉載梁啟超與英文《京報》記者的談話，足以見到梁啟超對籌安會的堅決反對態度和十餘年一貫的政治主張。英文《京報》採訪時，梁啟超正患赤痢，在病榻前接受了採訪：

記者問：日近來都中有人發起籌安會，討論國體問題，先生於意云何？

梁君答曰：鄙人一年以來，欲肆力於社會事業久矣，厭作政談，即鄙人疇昔好為政談之時，亦曾標舉二語，以告於眾曰：只論政體，不論國體。故國體問題，尤鄙人所不願談也。

記者問曰：既云只論政體，不論國體，則國體無論為共和為君主，應無反對，且先生於數年前不嘗著論力主君主立憲乎？

梁君答曰：吾所為只論政體，不論國體者，常欲在現行國體之下，求政體之改革，故當前清末葉共和革命論極盛之時，吾獨堅持君憲說，與革命黨筆戰，累十數萬言，直至辛亥八月，武昌起事之後，吾猶著《新中國建設問題》一書，謂雖不得已而行共和，亦當虛存君位，近今某報所登古德諾博士論著商榷共和利病，且引中美、南美亂事為證，此種議論，此種證據，吾無一不於十年前痛切言之，其言視古氏所說詳盡透闢更加十倍，《新民叢報》、《飲冰室文集》等書流布人間者，不下數十萬本，可覆按也。即當辛亥九月著《新中國建設問題》時欲遷就以存虛君，無聊之極思乃陳三義：一曰仍存清室，二曰虛擁衍聖，三曰求立明後。此雖滑稽之談，然吾當時怵於變更國體之危險，情急之狀可以想見，今之談第二次變更國體者，猶以此三義為研究之資料也。吾當時豈有所愛於君主政體，而必犯眾怒，以為之擁護者？吾以為國體與政體本絕不相蒙，能行憲政，則無論為君主為共和，皆可也。不能行憲政，則無論君主為共和，皆不可也。兩者既無所擇，則毋寧因仍現在之基礎，而徐圖建設理想的政體於其上，此吾十餘年來持論之一貫精神也。夫天下重器也，置器而屢遷之，其傷實多，吾滋懼焉，故一面常欲促進理想的政體，一面常欲尊重現在的國體。此無他故焉，蓋以政體之變遷，其現象常為進化的，而國體之變更其現象常為革命的，謂革命可以求國利民福，吾未之前聞。是故吾自始未嘗反對共和，吾自始未嘗反對君主，雖然吾無論何時皆反對革命，謂國家之大不幸莫過於革命也。

記者問曰：籌安會一派之言論，謂共和必不能立憲，惟君主乃能主憲，此理何如？

梁君答曰：鄙人愚昧，實不解此，吾求諸中外古今學者之理論而不得其解，吾求諸中外古今列國之故實而亦不得其解，今日中國欲變專制為立憲，其一當視主權者擁護憲政之誠意何如，其二當視國民運用憲政之能力何如，謂此二者緣國體之變更而遂生異動，吾百思不得其解也。

記者問曰：古德諾博士謂中國欲變更國體，須有三條件，其第一條件則須國中多數優秀之民咸不反對，此條件可望實現否？

梁君答曰：國體而到必須變更之時，則豈更有反對之餘地，除乘機徼利藉口生事之亂黨外，決無人昌言反對者，吾敢斷言也。雖然變更國體一次，則國家必喪失一部分熱心政治之正人，吾又敢斷言之，共和建設以還，蔚成之時彥雖多，然有用之才自甘遁棄者，以吾所知，蓋已不少，識者未嘗不為國家痛惜，然士各有志，無如何也。若更有第二次之變更國體，前次之遁棄者，固斷不復出，而繼此而遁棄者恐視前更多耳。果爾則亦殊非國家之福也。

記者問曰：變更國體之事，將來能否成為事實，且大總統之意向如何，先生亦有所聞否？

梁君答曰：此事能否成為事實，吾殊難言，就理論先例觀之，恐在所不免，力學之理有動則必有反動，此原則之無可逃避者也。既有第一次之變更國體，自應有第二次之變更國體，賡續而起，其動因非在今次而實在前次也。吾昔在《新民叢報》與革命黨論，謂以革命求共和，其究也必反於帝政；以革命求立憲，其究也必反於專制。吾當時論此焦唇敝舌，而國人莫於聽，乃流傳浸淫，以成今日之局。今以同一之論調，易時而出諸外國博士之口，而臭腐忽為神奇，相率以研究之，既可怪詫，尤當知吾十年前所預言者，今外國博士所稱述只得其半耳，其餘一半，則吾惟冀吾言之不中也。若夫我大總統乎，則兩次就位宣誓，萬國共聞，申令煌煌，何啻三五，即偶與人泛論及此問題，其斷不肯帝制自為之意，亦既屢次表示，有以此致疑吾大總統者，恐不敬莫大乎是也。

記者問曰：籌安會一派謂古德諾博士實倡此說，而本記者前訪博士，則謂並無此主張，先生與博士夙交好，嘗與論及否？

梁君答曰：此次博士重來，曾一見訪，吾適在津，未獲相見，惟博士常有書致憲法起草會，所言皆就國民憲法立論，未嘗他及也。

記者問曰：聞先生在憲法起草會列席頗少何故？

梁君答曰：吾自南遊一次感受暑熱，繼續患病，旋愈旋作，中間或不能列席，非有他故，且前數次所討論尚未及憲法內容，偶缺席當無傷，此後深願與同人作速進行，將此種國家根本大法早具草案，聊盡國民義務於萬一也。

梁啟超對英記者的談話，陳述了他反對帝制的政治主張，這對袁世凱拼湊的籌安會欲恢復帝制的醜行，無疑是沉重的打擊，同時擊毀了籌安會企圖收買梁的幻想。

〈異哉所謂國體問題者〉發表之前，楊度曾委託湯覺頓專程赴天津梁啟超寓所，與梁啟超協調商討。湯覺頓回京復楊度命時，卻帶回了梁啟超致他的一封絕交信，信上說：「吾人政見不同，今後不妨各行其是，既不敢以私廢公，但亦不必以公害私。」

楊度等一干籌安會君子，皆脊背發涼，忙到中南海報告袁世凱。

袁世凱默然良久，自語：「我袁某待梁啟超不薄啊！」

袁世凱心生一計，要搶在梁啟超對英記者談話發表之前，以金錢堵住梁啟超的嘴。於是便以給梁太公祝壽為名，派人攜二十萬元壽儀，送到梁啟超寓所。

梁啟超婉言謝絕，又抄錄一份即將發表的〈異哉所謂國體問題者〉，寄給京師的袁世凱。

袁世凱接著又派梁士詒到天津「拜訪」梁啟超。

梁士詒甫一見梁啟超，便說：「我奉大總統之命而來，兄當知其緣故。」

梁啟超說：「但說無妨。」

梁士詒說：「兄已亡命海外多年，何必再討此苦？」

梁啟超說：「你大可回去覆命，為反對帝制，吾寧可亡命，啟超無所畏懼！」

梁士詒無語，悻悻而去。

當然，袁世凱並沒有閒著。〈異哉所謂國體問題者〉發表以後，梁啟超就接連收到許多意圖架陷的匿名信件。

因為密謀倒袁，梁啟超擔心連累進步黨，遂於九月四日的《時報》上發表脫黨啟事：「鄙人前歲組織進步黨，被推為理事，忽忽經時，愧無貢效。頃養痾津寓，黨事久不聞問，除致函本部辭去理事職任外，並宣布脫黨，此啟。」

此後蔡鍔一星期就跑一趟天津，和梁啟超在一起打牌吃花酒做樣子，麻痹袁世凱。由於蔡鍔與滇、黔之間頻繁有電報，袁世凱派人到蔡鍔在北京的私宅搜查，後來才知道是要搜查蔡鍔的電報密碼本子，但其實蔡鍔早就將幾十部密碼帶到天津放在梁啟超的臥房裡了。

十一月底，蔡鍔託病入住天津醫院，袁世凱不信，幾次派人來問病，梁啟超等人便讓人拿了醫生診斷書回報袁世凱。一直到十二月二日，蔡鍔才脫身南下。十二月九日，梁啟超以必死的決心，坐船前往大連，再由大連轉上海。

> 我臨走的前一點鐘，去和我的夫人作別，把事情大概告訴他。我夫人說：「我早已看出來了，因為你不講，我當然也不問你。」他拿許多壯烈的話鼓勵我勇氣。但我向來出門，我夫人沒有送過我，這回是晚上三點鐘，他送我到大門口，很像有後會無期的感想。（〈護國之役回顧錄〉）

十二月十二日，袁世凱正式宣布恢復帝制，自稱「中華帝國皇帝」，準備在次年元旦舉行「登極」大典，改民國紀元為洪憲元年。梁啟超在南下途中寫下〈上大總統書〉，與袁世凱徹底決裂。十二月下旬，上海、天津、北京的各大報紛紛發表了這封信，影響非常大。

大總統鈞鑒：

前奉溫諭，沖挹之懷，悱摯之愛，兩溢言表。私衷感激，不知所酬，即欲竭其愚誠，有所仰贊，既而復思，簡言之耶，不足以盡所懷；詳言之耶，則萬幾之躬，似不宜嘵瀆，以勞清聽。且啟超所欲言者，事等於憂天，而義存於補闕……

國體問題，已類騎虎，啟超良不欲更為諫沮，益蹈愆嫌。惟靜觀大局，默察前途，愈思愈危，不寒而慄。友邦責言，黨人構難，雖云樛葛，猶可維防，所最痛憂者，我大總統四年來為國盡瘁之本懷，將永無以自白於天下，天下之信仰自此墮落，而國本即自此動搖。傳不云乎：與國人交，止於信。信立於上，民自孚之，一度背信，而他日更欲有以自結於民，其難猶登天也……

……啟超誠願我大總統以一身開中國將來新英雄之紀元，不願我大總統以一身作中國過去舊奸雄之結局；願我大總統之榮譽與中國以俱長，不願中國之歷數，隨我大總統而同斬。是用椎心泣血，進此最後之忠言，明知未必有當高深，然心所謂危而不以聞，則其負大總統也滋甚。見知見罪，惟所命之。抑啟超猶有數言，欲效忠告於我大總統者：立國於今世，自有今世所以生存之道，逆世界潮流以自封，其究必歸於淘汰。願大總統稍捐復古之念，力為作新之謀……

到上海後，梁啟超在靜安寺路一小旅館下榻，此處條件較差，他每日凌晨兩點起床，以冷水洗面，整日籌劃滇、黔、桂三省舉義各事，還運動南京馮國璋贊助起義事為最重要。

梁啟超在上海住了七十餘日，一直到第二年的三月四日，略有餘暇，作書自課，題碑帖甚多。

梁啟超到滬前，到美國養痾的煙幕彈已傳開，以避開袁世凱的監視。《申報》曾發文曰：「梁任公在津養痾日久，昨忽呈請赴美調攝，不俟批出就束裝首途。」袁世凱自然信了。

十二月二十五日，雲南正式宣布獨立，皆是梁啟超「預先準備好的」，令袁世凱始料未及，驚恐萬狀。

關於這次梁、蔡準備起義的經過，梁啟超在〈國體戰爭躬曆談〉一文中有詳細介紹，比前文所述更清楚：

當籌安會發生之次日，蔡君即訪余於天津，共商大計。余曰：「余之責任在言論，故余必須立刻作文，堂堂正正以反對之，君則軍界有大力之人也，宜深自韜晦，勿為所忌，乃可以密圖匡復。」蔡君韙其言，故在京兩月虛與委蛇，使袁氏無復疑忌。一面密電雲貴兩省軍界，共商大義，又招戴君戡來京面商。戴君者，當時甫辭貴州巡按之職，後此隨蔡君轉戰四川，前月經黎總統任為四川省長者也。戴君以去年十月到京，乃與蔡君定策於吾天津之寓廬，後此種種軍事計畫，皆彼時數次會談之結果也。時決議雲南於袁氏下令稱帝後即獨立，貴州則越一月後回應，廣西則越兩月後回應，然後以雲貴之力下四川，以廣西之力下廣東，約三四個月後可以會師湖北，底定中原，此余與戴、蔡兩君在津之成算也。其後因有事故障礙，雖不能盡如前策，然大端則如所豫定也。議既定，蔡、戴兩君先後南下，蔡君臨行時託病，謂須往日本療養，夜間自余家易裝以行，戴君則徑往香港，余於兩君行後亦潛赴上海。余到上海實十二月十八日也，而蔡、戴兩君亦以十九日到雲南。余輩在津原定計畫，欲由雲南潛運軍隊到四川境後，乃始宣布獨立，二十一日余在上海得蔡君電，謂二十三日前隊出發，出發二十日然後發表獨立之公文，此正在津原議也。而余當時以別種理由，由南京發出一電，促其早發，且蔡、戴既到滇，滇局不能久持祕密，故二十六日遂揭曉，後此在四川與北軍相持，死傷甚多，未始非由揭曉太速之故也。

第二章

兩廣都司令部組成，梁公被推舉都參謀

丙辰（一九一六），梁啟超四十四歲。

一月二十七日，貴州宣布獨立，是時梁啟超有渡日之議，但未果行。

三月四日，梁啟超由滬赴港轉桂，勸說陸榮廷舉義。十五日，廣西宣布獨立。

四月四日，梁啟超抵南寧。六日，廣東宣布獨立。十二日，浙江宣布獨立。十二日，廣州發生「海珠事變」，湯覺頓遭殺害。

五月一日，兩廣都司令部成立，舉岑春煊（字雲階，廣西西林人）為都司令，梁啟超為都參謀。六日，軍務院成立，舉唐繼堯（字蓂賡）與岑春煊為正副撫軍長，梁啟超為政務委員長兼撫軍。十五日，十七省代表在南京開會。十八日，梁啟超出香港，二十日抵滬。不久，四川、湖南宣布獨立。月底得知其父蓮澗先生逝世，悲痛萬分，遂辭去本兼各職。

六月六日，袁世凱在一片喊殺聲中羞憤而卒。七日，黎元洪宣布就任大總統。政府申令恢復民國元年約法與舊國會。

七月十五日，在梁啟超的斡旋之下，軍務院撤銷。

八月一日，國會開會。

十月，梁啟超往香港省親靈殯。

十一月八日，蔡鍔病故於日本福岡醫院。

十二月，梁啟超發起創辦松坡圖書館。

一月一日，袁世凱剛剛坐上皇帝寶座，立即發布「上諭」，通令各省「逮捕梁啟超，就地正法」。此時，梁啟超住在上海靜安寺路，袁氏派「偵探暗殺密布寓側」，企圖暗中除掉他的政敵。梁啟超聽聞消息，即想離開上海，從軍廣西。上海灘的政客為自己的前程計劃，打聽梁啟超的消息，在各種場合傳播相關消息，《時事新報》的記者總是關注著梁啟超，以寫專電報導，令梁啟超十分無奈。

一月二十五日，梁啟超催促陸榮廷迅速宣布廣西獨立。一月二十七日，貴州宣布獨立，原是梁啟超渡日前之議，但未果行。

此前，一月十五日，唐繼堯、任可澄曾致梁啟超信，論時局，期望得到梁啟超的指教，「袁氏叛國，自致敗亡。先生迭進忠言，曾不覺悟，海內豪傑，發憤相聞，松坡、循若到滇具述尊恉云云，彌用堅決，為是計不旋踵以從今役，同人淺薄，未能遠謀，深懼不克負荷，或致蹉跌」。

梁啟超居滬，除了籌劃布置和運動，也盡力指導蔡鍔的軍事行動，前後致信總計八封。

其中第一封信寫於一月八日：

> 吾今所首宜請罪於諸公者，則在前托寧代發之咨電。其時大樹將軍方有參謀總長之命，自危甚至，適吾方至，彼以人來言，盼滇速起，彼當立應。彼實未知滇內情，因數日前得亮才

一電，知有動機，彼方以為弟偕我同在滬也。吾為東南大局計，故徇其請。電發後，旋派溯初兩次往與接洽，見其衷心，雖甚憤懣，然殊持重。且徐州徐猾甚可厭似尚未有所決，以故至今不敢發。此公雖知大義，而極寡斷，吾恐其為曹爽也。以東南大勢論之，大約非俟西南更得數省響應後都中有變當別論，不能有所動作。固由彼等所處地位較險艱，不足深責，抑其國家觀念亦自有不能盡與吾輩從同之處也。緣此亦可見西南責任之重大，國家存亡，系此一片土而已。二十一日尊電言，二十日內揭曉。其改早之故，想是因吾咨電，不審曾緣改早而生軍事計畫之支障否？此書方寫成適得日本來書，言滇若緩發一星期，則對日交涉已妥協，然則速發終是幸事也。果爾，則吾罪真末由自贖。然成事不說，今惟祝進取之勝善而已。

各省詰責滇軍之電文甚多，皆由偽政府擬稿迫令拍發，與前此推戴之電文同一筆法。其實各軍巡中，安有效忠於賊之人？甚表同情於滇者，且十而八九，特回應與否與應之遲速，自是別問題耳。此間除大樹外，其直接間接通聲聞者尚不少，而偽政府則亦無所往而不用其猜忌。一兩月後，滇軍進取稍得勢，諸鎮膽稍壯，而偽政府更從而煎迫之，則同時蹶起意中事也。逆賊不患不覆亡。然謂覆亡之後，天下事即大定則殊不敢言。莽、卓伏誅，大亂方始，前事屢然，今亦胡幸。毒根既種之極深而滋蔓極廣，芟夷蘊祟，豈旦夕閒事，而況於海疆諸區有人眈眈以視夫其側者耶？吾輩當認定西南一隅為我神明氏胄唯一遺種之地，挾全副精神以經略而奠之，而必毋或視他方之態度以為欣戚。吾軍今所據之地利，既為不可勝以待敵之可勝，吾復何餒。所憂者，吾內部之不整而實力不充耳……

此信先做自我批評，批評貽誤戰機，接著分析舉義之優勢和不足，言義舉必勝之道理。梁啟超雖然從未統領大軍征戰，但深諳軍事之道。

第四封信寫於一月二十一日：

外交界消息極佳，日本公然拒絕賣國專使，聞三次警告不日將提出。且日本刻意聯絡吾黨，青木少將特派駐滬，專與吾黨通氣，日內便到。餉械皆有商榷餘地。張潤農頃來滬，明日可到，到後便知其詳。我決以二十八日東渡，或能有大發展，亦未可知。

綏遠起義占領包頭。潘矩楹免，以孔庚代。總統府發現炸彈，陰謀者為袁乃寬之子。頃方大興黨獄，人心惶惶。覺頓、孟希、佛蘇三人中，日內必有兩人偕往粵，以說脅堅白，使迫龍、陸。聞桂之觀望頗由堅作梗，此行當破釜沉舟，憑三寸不爛之舌，冀有所濟也。鎔西（張耀曾字）頃隨西林東渡，擬留彼在滬襄外交事。吾東渡後小住旬日，便當來滇。孝懷、覺頓必偕行，孝懷性行才識為吾黨第一人，尤諳川事，彼來所助不少也。來書尚約遠庸，痛哉痛哉，今失此人，實社會不可恢復之損失也。書此泫然。

梁啟超注意觀察社會動態，隨時與蔡鍔溝通，心懷天下，爭取主動。此信說明梁啟超有赴日本之議，目的大約是聯絡外交，還有借款購買軍火的計畫。不過並未能成行。關於對日外交，梁啟超認為中日兩國為脣齒之勢，若日本能在危難中助中國進步勢力一把，他日可以休戚與共。歷史證明，此想法乃一廂情願，純為幻想耳。

袁世凱的帝制鼓噪，他的部下有實力的人物馮國璋、段琪瑞等人並不滿意，護國軍興，舉足輕重，梁啟超觀其象，認為馮國璋可以爭取。但是，馮國璋雖然內心反對帝制，贊同起事，但一直在觀望，並未表明態度。袁世凱內部的分歧，讓梁啟超和蔡鍔的舉義多了一分信心。

是年二月中旬，因滇、蜀催促之故，梁啟超又有入滇再赴蜀之議，但最終未能成行。

二月末旬，梁啟超決定入桂。

> 此行乃關係滇、黔生死，且全國國命所托，吾未有函告季丈，汝見時可言及。雖冒萬險萬難不容辭也。此間同人詢謀僉同，無一人主張不往，以荷丈之警敏，靜生（范源濂，字靜生）之安詳，叔通（陳敬第，字叔通）之細密，亦咸謂非去不可，想季丈在此亦無異辭也。頃荷曦已先行，吾亦候船擬租一日本船往。發矣。廷獻不來，亦無不可，廷燦確可用，吾偶未思及耳。然此時暫用不著，待吾入粵時乃喚來可耳……現在以一二人入滇、黔與

鄉人同患難，將來見重於新政府，而家運藉以進展。無如諸子多碌碌也，則亦聽之而已……（民國五年二月二十八日〈與嫻兒書〉）

三月四日，梁啟超與同人由上海乘日輪「橫濱丸」號赴香港，然後轉至廣西，勸說陸榮廷起義。原來梁啟超計畫安排家眷返回天津寓所，後得知四周已布滿袁氏偵探，同志亦認為不宜行。

汝母歸寧之議，尚須從緩，好在距八月尚有半年，屆時或吾同行，亦未可知也。吾有一手寫極貴重之品賚與思成，釘裝完成當交存王姨處，現尚未完也。為生日紀念，可告之令其力學，思永成績若良，吾亦將有以賚之。（民國五年三月三日〈與嫻兒書〉）

這次入桂的詳細經過，梁啟超有〈從軍日記〉記之：

當雲南首義之初，廣西之回應久為全國所期待，凡曾與陸幹卿將軍接者，共信其無變也。荏苒兩月，音響轉寂，於是漸或竊竊焉憂之。正月下旬，吾致幹卿一書，將三千言，為反覆申大義，剖利害。吾與幹卿既未前識，且茲事苟非內斷諸心者，即遊說何由進，吾書不敢期於有效，盡道而已。二月十九日吳柳隅（吳貫因，原名吳冠英，別號柳隅）介見一客，曰陳協五（祖虞），自言奉幹卿命相招，且曰我朝至桂夕發矣。其來至突兀，其事亦不中情理，初甚詫焉，同人且咸有戒心，謂將毋阱我，然吾察言觀色，覺其情真也。協五復為言，有唐伯珊（紹慧）者陸之心腹也，三日後行且至，更銜令竭誠致我，且通殷勤於馮將軍。翌日同志來會於靜安寺路之寓，謂吾行雖不容冒昧，然必以使往，得其情，取進止。覺頓請行，孟曦副焉。約以二十五日丹波丸發，船票既購定矣，而唐伯珊以二十二日果至，述桂中經畫至纖悉，更無置疑之餘地。幹卿所為必欲致我者，自謂不堪建設之任，非得賢而共之不輕發也。如所言幹卿之器識，抑過人遠矣。吾遂不謀於眾，許以立行，然伯珊言當俟彼行後十日，許我乃發上海，而與彼會於海防，且覺頓輩之行亦須與彼偕，否則道中滋險也。而伯珊尚須如金陵，謁馮華甫，以故並覺頓亦不得發。時滇軍方與賊相持於瀘、渝間，狀至險艱，待桂之興，如旱望雲，伯珊往返金陵逾一來復來復之焦灼，殊難為懷也。初吾儕於此事秘之甚堅，與聞者六七人而已，而協五、伯珊之來，借輾轉介紹，其蹤跡漸露於外，滬上一派之政客，或喜利消息而騰播之，以誇眩其聲氣，吾之行止寖假乃供多士談柄，日益爛漫，乃至《時事新報》之北京訪員以專電見報，吾慮自此不復能行矣。

三月初一日，日本駐滬武官青木中將來謁，亦既有所聞，持以相質，吾告以實，遂乘勢托以代籌途旅，蓋逆料此行之艱阻不能免也。青木慨然自任，而使其屬官松井者負其責，翌日松井報命，言既與東京、香港往復商定，屬乘初四日由上海展輪之橫濱丸，至香港更乘妙義山丸入越南之海防，議既定，而伯珊亦至自金陵，遂偕行。

三月七日，梁啟超抵香港。由粵入桂諸多不便，十二日，梁啟超前往越南海防。十六日，梁啟超一行抵達海防，旋即會晤雲南駐海防祕密代表張南生。張南生告之，已經通知相關人員迎接梁任公一行入桂。

梁啟超因在「妙義山丸」中所著之宣言書等件，以及其他要事與唐繼堯接洽，就托黃溯初（原名冲，字旭初，後改名群，字溯初）代表，先赴雲南會晤唐繼堯，並有要電托唐繼堯轉致蔡鍔，事了即返回海防。梁啟超在海防住了十日，在極其艱苦的生活環境下，竟然完成〈從軍日記〉一篇、《國民淺訓》一書。

三月十五日，梁啟超赴海防途中，廣西宣布獨立。「自十五晚上接梧州電報，知廣西已宣布獨立，本日午後由廣州各國領事館傳出消息，廣西獨立事已確實。此消息傳播後，澳門華商競燃爆竹以志喜，人心之積憤於袁氏，於此可見矣。」（吳貫因《丙辰從軍日記》五年三月十六日）

梁啟超於三月二十七日抵達鎮南關，四月四日抵達南寧。梁啟超入鎮南關後才得知袁世凱已經於三月二十二日宣布撤銷承認帝位案的消息，於是分電陸榮廷、湯覺頓和各都督總司令等，請勿言調和，堅持袁氏退位的方針。

梁啟超及護國軍討伐袁世凱復辟帝制正酣，四月四日，康有為卻在《上海週報》發表〈為國家籌安定策者〉一文，別出心裁地拋出扶持清遜帝溥儀復位的主張。

在廣西軍中的梁啟超，讀到了康有為此文，即撰文〈辟復辟論〉，發表在《時事新報》上，痛斥康有為扶持溥儀復清皇帝位的荒謬論調。

從十八歲開始，梁啟超拜康有為為師，支持其戊戌變法，後來一起逃亡至日本。梁啟超一直十分仰慕、尊敬康有為，是康有為的得力助手，世人將兩人並稱「康梁」。然而，康有為思想固執保守，不肯接受新鮮事物，在辛亥革命之後逆歷史潮流，反對革命，與梁啟超產生了分歧。梁啟超曾經表示：「吾愛吾師，吾尤愛真理。」兩人分道揚鑣，各奔前程。

然而師生一場，梁啟超一直希望康有為改弦更張。一九一五年底，梁啟超從天津南下討袁之時，曾托湯覺頓去拜見康有為，告之去桂計畫。康有為聽後震怒，堅持扶持溥儀復位的主張，並云：「若不相從，後此恐成敵國。」

梁啟超在〈辟復辟論〉中犀利地批評：「忽仰首伸眉，論列是非，與眾為仇，助賊張目，吾既驚其顏之厚，而轉不測其居心之何等也。」實踐了真理高於一切的精神。

四月六日，廣東都督龍濟光宣布廣東獨立，但這是經過袁世凱同意的，並不反袁，只是迷惑人的假獨立。後來，龍濟光見獨立乃是大勢所趨，逐漸採取模棱兩可的態度。

他與在廣東的陸榮廷、梁啟超進行聯繫，還拍了電報請廣西方面派人去協商相關事宜。

梁啟超的朋友，曾任中國銀行總裁，與梁啟超、蔡鍔在天津共謀反袁稱帝的湯覺頓，看不慣龍濟光的兩面派嘴臉，出於義憤，主動承擔代表廣西去見龍濟光的任務。到了廣州，湯覺頓、龍濟光兩人就反袁稱帝的利害關係，談了整整一天一夜，龍濟光似有所觸動，四月九日就把廣東獨立的電報打了出來。但他的部屬多是擁袁的，根本沒有誠意。次日龍濟光就變了卦，說是要在海珠召開善後會議。

四月十二日，善後會議召開，同湯覺頓一起參會的還有同梁啟超一起反袁的廣東將軍府顧問、陸軍少將譚學夔，以及廣州員警廳廳長王廣齡、商會團長岑伯鑄。

會場戒備森嚴，重兵把守。湯覺頓、譚學夔、王廣齡、岑伯鑄等人進會場坐下不久，龍濟光的部將顏啟漢等人拔出手槍，向幾人射擊，幾人立即倒在血泊之中。這就是「海珠事變」。

後來，梁啟超在〈護國之役回顧錄〉中憤慨地寫道：「慘哉！慘哉！這幾位忠肝熱膽、足智多謀的仁人志士，竟斷送在一群草寇手裡頭！」此外，吳貫因《丙辰從軍日記》對「海珠事變」，向龍濟光提出三個「無以自解者」，可以得知真相端倪。

> 悉昨日海珠會議，顏啟漢、蔡春華等衛兵開槍，擊斃湯覺頓、譚學夔、王廣齡、岑伯鑄諸人。海珠之變，由梁士詒遣其弟士謀之，顏啟漢、蔡春華諸人，許以重金酬謝，

而龍濟光亦參與其謀。然在梁士詒兄弟則欲盡殺諸民黨，在顏啟漢則因與徐君勉有舊，欲脫徐而殺其他諸人，在龍濟光則以湯覺頓為梁任公、陸幹卿之代表，有所顧忌，欲脫湯而殺其他諸人，故梁、顏、龍之大目的雖同，而其所殺之範圍則不無廣狹之異。有為龍濟光開脫者，謂海珠之事，龍實不與其謀。吾且詰之龍濟光，先有酒柬約覺頓於是日午後六時赴宴，而海珠會議於午後一時開會方一時左右龍濟光即兩次以電話催覺頓赴宴，夫由一時以至六時尚有四時間而必急急於催覺頓赴宴，非逆知海珠將有變，欲於未發之前先調開覺頓耶？此龍濟光之無以自解者一。尋常小民橫遭冤殺，猶須緝凶，況王廣齡則省城之員警廳長也，譚學夔則陸軍少將而將軍府之顧問也，湯覺頓則廣西都督及總參謀之代表也，冤死之後，龍濟光不下緝凶之令，無一哀悼之詞，僅出一布告，謂其因誤會致死，勸人民勿驚疑，謂非嘗與其謀，如斯大事安得若對岸觀火耶？此龍濟光之無以自解者二。為之解者，謂事變之後，顏啟漢已逃，雖欲緝凶，將安緝之，不知顏啟漢雖逃，蔡春華尚在，執而鞫之，此中陰謀即可暴露，然蔡安居省城，龍熟視之若無睹，斯又何說耶？此龍濟光之無以自解者三。

梁啟超和陸榮廷在廣西得到此噩耗，悲憤不已，遂率護國軍連夜從梧州順江而下，於四月十五日到達肇慶，受到肇慶鎮守使李耀漢的熱烈歡迎。四天後，岑春煊從上海來到肇慶，商洽成立兩廣都司令部等問題。

此時，孫中山也從國外回到了上海，他的老部下陳炯明在惠州起兵，歡迎老長官孫中山。

岑春煊，晚清時曾任兩廣總督，後來又當過雲貴總督。因受清廷和袁世凱的排擠，他寓居上海。一九一三年袁世凱暗殺宋教仁，導致南京爆發了孫中山領導的國民黨「二次革命」，亦稱「討袁之役」。因袁世凱的血腥鎮壓，「二次革命」失敗。袁世凱下令解散國民黨，孫中山再次流亡日本，組織中華革命黨。在此期間，蟄居上海租界的岑春煊，曾與人聯名致電袁世凱，要求以和平方式解決南北衝突，遭到袁世凱的拒絕。岑春煊便與革命黨人黃興聯繫，加入反袁行列，還曾被推舉為大元帥。「二次革命」失敗後，岑春煊也受到袁世凱的通緝，逃到日本。但他不是當寓公，而是主持反袁運動的外交事宜。在梁啟超組織護國軍時，岑春煊多次寫信給陸榮廷，勸他宣布廣西獨立，也曾勸龍濟光宣布廣東獨立。

四月十九日，岑春煊與梁啟超、陸榮廷等人商討成立兩廣都司令部事。也是這兩天，那個製造「海珠事變」的龍濟光見梁、陸二人到了肇慶，派人過來請罪，堅持說：「我事前完全不知道會發生這樣的事。」將責任全部推到蔡乃煌、顏啟漢等人的身上。

梁、陸二人心中自然有數。若能爭取到龍濟光，廣東真正獨立便指日可待。但是，護國軍和陸榮廷的部下，皆知龍濟光此人靠不住，都想直接打到廣州，殺掉此人。梁、陸二人考慮，目前蔡鍔指揮的護國軍，正在蜀地瀘州被袁世凱的軍隊圍困，甚至有覆滅之險。宣布廣西獨立，原本想出兵湘地，以牽制袁軍，解蔡鍔之圍。如若此時與廣東龍濟光交惡，勝敗難料，精銳力量一旦喪失，如何繼續討伐袁賊？權衡利弊，梁、陸二人決定忍著仇恨，與龍濟光聯合。梁啟超表示，「非徹底叫龍濟光明白利害，死心塌地地跟我們走不可。有什麼方法叫他如此呢？我左思右想想了一日一夜，除非我親自出馬，靠血誠去感動他」（〈護國之役回顧錄〉）。

五月一日，護國軍兩廣都司令部成立，岑春煊被推舉為都司令，梁啟超被推舉為都參謀。梁啟超在成立大會上發表了演說，重點談募集軍費之事，說兩廣都司令部的成立之後，袁賊必將滅亡。護國軍將士出征，或流血，或犧牲，無所畏懼，但這軍費希望由廣東父老兄弟來承擔，廣東商民向來以愛國好義聞名天下，相信會慷慨解囊，大力支持。將士飽暖之後，定能奪取反袁鬥爭的勝利……。

大會之後不久，都司令部命陸榮廷率兩廣護國軍揮師北伐，苦戰湖南，打敗圍困蔡鍔將軍多日的袁軍。蔡鍔軍重振威風，軍事形勢朝著有利於護國軍方面發展，曾經不可一世的袁軍遭到沉重打擊。龍濟光見桂軍及廣東獨立軍皆擁護岑春煊、梁啟超等人，不敢立異，雖與南方護國軍貌合神離，然以名義論，亦在都司令部節制之下，老實了許多，承諾「以粵督讓與岑西林（春煊）」。

五月五日，梁啟超不顧友人和學生的勸阻，冒著極大的危險去了廣州，用「血誠去感動」龍濟光。

到達廣州的沙面島，梁啟超便打電話給住在觀音山的龍濟光，告知他自己已到穗。龍濟光嚇了一大跳。

梁啟超雇了一頂小轎到了觀音山。龍濟光早已在宅院門前迎迓，滿臉笑容：「任公好膽量喲！」

梁啟超說：「龍兄也不是虎狼，何懼之有？」

當天夜裡，梁啟超苦口婆心，與龍濟光深談至東方拂曉。龍濟光似乎心悅誠服地聽著。

次日龍濟光設宴，歡迎梁啟超。宴會上，龍濟光的幾十名軍官都到了，個個全身拖槍帶劍，如虎似狼。席間有名軍官極為放肆，大罵廣東民軍，甚至指名道姓地大罵蔡鍔和護國軍，做出要動手打人的樣子，十分囂張。

梁啟超起初並不理睬，過了二十分鐘，他猛地站起來，對他們的長官龍濟光大聲說道：「龍都督，我昨夜和你講了什麼話？你到底跟他們說過沒有？我所為何來？我在海珠事變發生過後才來，並不是不知道你們這裡會殺人。我單人獨馬手無寸鐵跑到你千軍萬馬裡頭，我本來並不打算帶命回去。我一來為中華民國前途來求你們幫忙，二來也因為我是廣東人，不願意廣東糜爛。所以我拼著一條命來換廣州城裡幾十萬人的安寧，來爭全國四萬萬人的人格。既已到這裡，自然是隨你們要怎樣便怎樣……」

梁啟超以嚴厲的語氣、打雷般的聲音，一面說，一面不停地拍桌子，震得滿桌杯盞叮噹作響。梁啟超就各種利害關係講了一個多小時，聽者漸漸受到觸動。最先開口罵他的軍官（後來梁啟超知道他叫胡令萱）悄悄跑了。另外的人散席後過來跟梁啟超握手道歉。自這個驚險的夜晚過後，廣東獨立，已不成問題。

別有用心者，如「海珠事變」一樣，在路上設了埋伏，企圖重演血案，幸好梁啟超早有準備，不出大門，從側門離開，安全回到寓所。

梁啟超回到肇慶，發密電給蔡鍔，曰：「鴻門惡會，僅乃生還。」

五月六日，軍務院成立，舉唐繼堯、岑春煊為正副撫軍長，梁啟超為政務委員長兼撫軍。唐繼堯、劉顯世、陸榮廷、龍濟光、岑春煊、蔡鍔、李烈鈞、陳炳焜、戴戡等人為撫軍。由於袁世凱叛國，依《臨時約法》，大總統一職由副總統黎元洪繼任。「余與蔡君在天津密謀時，曾議侯雲、貴、兩廣獨立，觀形勢如何，即先組織一臨時政府，戴黎西元洪為總統，蓋袁氏既以叛國失去大總統資格，依約法當由黎公繼任也。」（〈國體戰爭躬曆談〉）

軍務院成立後之諸多宣言，幾乎皆由梁啟超一手擬定，並得到多數人的同情支援。軍務院成立之後，有浙江、湖南、陝西、四川等八個地區宣布獨立，與兩廣形成犄角之勢。這時，南京的馮國璋發電報給梁啟超，請他到上海共商解決大局之方法。

梁啟超五月十八日出香港轉赴上海，二十日到達上海。梁啟超的兄弟和女兒從天津來接他，他方才得知父親蓮澗先生逝世的消息。原來，梁啟超從軍往廣西時，其父已於三月十四日仙逝，家人為不打擾他在軍中重任，一直隱瞞至今。

梁啟超聞聽父親逝世時，立即「昏迷，遂不忍復與聞國事矣」（〈國體戰爭躬曆談〉）。梁啟超立即致電軍務院和各都督總司令，請辭本兼各職。後來，他又在〈護國之役回顧錄〉裡說：「我魂魄都失掉了，還能管什麼國家大事。從此我就在上海居喪，連華甫亦不便來和我商量了。過了二十多天，袁世凱氣憤身亡，這齣戲算是唱完。」

救國不怕流血捨命，喪父魂飛魄散，讓我們看到梁啟超愛國愛家的高尚精神。不過，因盡孝而不顧國事，又讓我們看到梁任公的局限與不足。

好在梁啟超不聞國家大事，在一心守喪盡忠的二十多天裡，六月六日，袁世凱羞憤成疾，一命嗚呼。黎元洪依法繼任大總統，約法恢復，國會得開，南方的軍務院順理成章地於七月二十五日撤銷。梁啟超、蔡鍔等人發動的護國戰爭也勝利結束，實現了當初的誓言，勝則退隱，決不立朝。

蔡鍔身患重病，不參與政務。黎元洪沒有忘記反袁功臣梁啟超，聘其為總統府祕書長。黎元洪七月一日發給梁啟超的原電如下：

屢承來訓，慮遠思深，謀國之心，家居彌篤，泰山北斗，景仰為勞。亦知讀禮之時，不敢以閣員相浼，然萬端待理，棼如亂絲，辱以庸才，丁茲危局，設使舊鼎覆，淪胥以滅，既負人民望治之心，亦違先生救時之願，竊不自揣，欲以本府祕書長相屈，既

> 無嫌乎奪情，且可資乎論道。先生模楷人倫，萬流仰鏡，倘肯垂念邦國，當不忍金玉爾音，敢布寸心，擁篲俟命。

以後，黎元洪自七月起每月贈梁啟超津貼兩千元，並數次致書或遣人邀梁啟超入京，梁啟超皆婉拒。結束守喪後，梁啟超回到天津寓所，認真研究學問，悉心教育子女。

梁啟超在〈護國之役回顧錄〉談及護國之役，是這樣評價的，清醒而深刻：

> 這回事件，拿國內許多正人君子去拼一個叛國的奸雄袁世凱，拼總算拼下了，但袁世凱的遊鬼，現在依然在國內縱橫猖獗。而且經他幾年間權術操縱，弄得全國人廉恥掃地，國家元氣，喪失得乾乾淨淨。哎！紀念雲南起義，還有什麼紀念，不過留下一段傷心的史料罷了。

該說蔡鍔將軍了。

袁世凱於六月六日死去之後，黎元洪繼任大總統，蔡鍔乃君子重承諾，實踐了成功不爭地位的諾言，並辭去四川督軍兼省長職務。鑒於蔡鍔之功，政府擢其陸軍上將軍銜，以資表彰。政府多次敦促其赴任，但蔡鍔皆以有病為由，絕不做官。

除了重承諾，不為官，身染病痾也是事實。起兵之時，蔡鍔就是帶病前往。軍旅生活艱苦，在軍中吃喝不好，蔡鍔為謀敗敵之計，又常常通宵達旦，以致勞累過度，病情加重。考慮軍紀要約束，社會秩序要維持，他離開治病的想法一直沒有實現。後來實在熬不下去了，就抱病到了成都，將各方面的事情都安排妥當，才離開去治病。

蔡鍔到了上海，梁啟超去看望，見他被疾病折磨得骨瘦如柴、面有菜色，不由得潸然淚下。「他到上海時候，我會著他，幾乎連面目也認不清楚，喉嚨啞到一點聲音也沒有，醫生都看著這病是不能救了，北京政府接二連三派人歡迎他，他也不去。在上海住了幾天，就到日本養病。」（梁啟超〈護國之役回顧錄〉）

其時，蔡鍔已病入膏肓，雖赴日本治療，但已回天乏術。十一月八日，蔡鍔以肺結核而致喉癌，病逝於日本九州福岡醫科大學附屬醫院，年僅三十四歲。

年底，日輪將蔡鍔將軍的遺體運到上海，待梁啟超與旅滬人士舉行公祭再送回湖南安葬。上海各界人士從報上得知蔡鍔遺體到滬，紛紛執紼慟哭於道，以迎靈柩。

梁啟超悲慟欲絕，率弟梁啟勳（字仲策）及長女梁思順、長子梁思成等，在蔡鍔靈柩前祭奠，哭聲撕肝裂肺，讓在場之人非常感動。其祭文中有：

屈指平生素心之交復幾許，棄我去者若隕籜相續，而幾無復餘，遠者勿論，近其何如，孺博、遠庸、覺頓、典虞，其人皆萬夫之特，皆未四十而摧折於中途。嗟乎嗟夫，天不欲使余復有所建樹，曷為降罰不於吾躬而於吾徒。況乃蓼莪罔極，脊令畢逋，血隨淚盡，魂共歲徂，吾松坡乎！吾松坡乎！汝何忍自潔而不我俱。

梁啟超將蔡鍔稱為「再造民國之偉大人物」，寫有兩副輓聯。

其一是：

知所惡有甚於死者，非夫人之慟而誰為。

其二是：

國民賴公有人格，英雄無命亦天心。

為了紀念蔡鍔，梁啟超倡議在上海創辦松坡圖書館。

關於蔡鍔的生平以及他這次發動護國之役的經過，梁啟超在〈蔡松坡遺事〉和〈松坡軍中遺書〉中多有表述，現將梁啟超在〈國體戰爭躬曆談〉中的相關文字抄錄如下：

廣東獨立未久，浙江獨立，及於復到上海時，陝西、湖南、四川復相繼獨立，於是獨立者既有八省，而南京之馮將軍國璋復聯長江各省暗為主持，大局已略定矣。五月下旬，馮將軍開會議於南京，謀勸袁氏退位。袁氏執迷不悟，南北之局漸有大破裂之勢。當事機極險急之時，袁氏忽然死去，於是黎公遵依約法繼任，段將軍祺瑞組織內閣以輔之，國勢遂大定，此實天之佑我中國也。及約法既復，國會既開，南方軍務院即同時撤銷，於此次經手事業亦完結矣。今一部分之軍人與新進之民黨，雖小有差池，然此時實過渡時代應有之現象，不足為深憂。要之此後我國之共和政治，必日趨鞏固，可斷言也。當在天津與蔡君共謀舉義時，曾相約曰：今茲之役若敗，則吾儕死之，決不亡命；幸而勝，則吾儕退隱，決不立朝。蓋以近年來國中競爭權利之風太盛，吾儕任事者宜以身作則，以矯正之。且吾以為中國今後之大患在學問不昌，道德淪壞，非從社會教育痛下工夫，國勢將不可救，故吾願遂矣。

護國戰爭勝利之後，梁啟超與蔡鍔遵守著「幸而勝，則吾儕退隱，決不立朝」的諾言，蔡鍔去養病，梁啟超「從事於吾歷年所經營之教育事業」，作別了艱苦、危險、卓絕又輝煌的丙辰年。

第三章

聲討「辮子軍」興復辟，任段內閣財政總長

丁巳（一九一七），梁啟超四十五歲。

二月九日，政府對德國新潛艇政策提出抗議。

三月十四日，北京政府布告正式對德國斷交。

六月十二日，大總統令解散國會。

七月一日，安徽督軍張勳擁清遜帝宣統在京宣告復辟，同日，梁啟超通電反對，後即參與段祺瑞、馮國璋討伐復辟之役。六日，馮國璋副總統通告就代理大總統職。十九日，段祺瑞內閣成立，梁啟超受任財政總長。二十四日，國務院通電各省徵求召集臨時參議院意見。是月，川、滇軍衝突，四川省長兼督軍戴戡遇難。

八月十一日，雲南督軍唐繼堯通電擁護約法。十四日，政府宣布對德、奧宣戰。

九月一日，粵非常國會選舉孫中山為軍政府大元帥。

十一月十五日，內閣總辭職。十八日，梁啟超單獨再辭財政總長職，二十二日給假，以次長李思浩代理，三十日去職。

上年歲尾，梁啟超表示將放棄政治生活，從事社會教育事業。但是在那個亂世，哪裡容得下一張做學問的書桌，哪裡有一間課堂能夠教與學？自去冬以來，憲法問題、對德外交問題、內閣問題及復辟問題等，都與梁啟超有著不可分的關係。

一月五日，張君勱（原名嘉森，字士林，號立齋）致信梁啟超，報告在徐、寧與張勳、馮華甫接洽內閣問題的經過。梁啟超不得不於六日從上海起程赴京，那裡因憲法、內閣和外交問題，比如「府院之爭」，已亂成一鍋粥，須他前去斡旋。

一月七日，《申報》登載了梁啟超關於憲法、內閣和對德外交的談話要點：「頃晤任公談話要點：（一）昨謁黎、段詳談，府院間已無甚深意見，非如外間傳聞之甚。（二）希望內閣不生動搖，有礙政務。（三）過寧、徐晤馮，極尊重國家最高各機關之意，張勳對於國會多憤激語，但並無具體之主張。（四）段對於收束軍隊確實有計畫，馮亦深悉之。（五）願國會速從事分內職務，恢復信用。（六）不入政局，留十餘日返滬辦理學校。（七）調和各派，減少衝突。」

一月十三日，《申報》載總統府邀梁啟超開會，商速成憲法問題。十五日，《申報》載梁啟超在一次歡迎會上發表政見。

二月九日開始，政府對德國採取強烈態度，如對德國新潛艇政策提出抗議。三月十四日，政府宣布與德國正式斷交。五月七日，政府諮送對德宣戰案至眾議院。十九日，該院議決緩議。關於當日對德、奧絕交和宣戰問題，梁啟超最為支持，而總統和多數國會議員反對，康有為、孫中山、唐紹儀等亦通電反對，一般輿論多半都不贊成。

梁啟超在〈余與此次對德外交之關係及其主張〉和〈外交方針質言〉等文中表態鮮明，理由頗為充分。

> 我國曷為忽然有參戰之議耶？吾儕曷為銳意贊成此議耶？請質言之，所謂公法，所謂人道，普通議耳，所謂條件，抑附屬之後起義耳，其根本義乃在因應世界大勢而為我國家熟籌將來，所以自處之途。第一，從積極進取方面言之，非乘此時有所自表見，不足奮進，以求廁身於國際團體之林。第二，從消極維持現狀言之，非與周遭關係密切之國同其利害，不復能蒙均勢之庇。必深明乎此兩義，然後問題之價值乃得而討論也。（〈外交方針質言〉）

二月十三日，《申報》登載梁啟超論對德外交問題，題為「梁任公之中德國際前途觀」，重申對德外交之理由。

三月四日，段祺瑞請黎元洪與德斷交未允，提出辭國務總理職，前往天津。六日，馮國璋赴天津邀段祺瑞回京供職。梁啟超一直支持段祺瑞。段祺瑞回京後，梁啟超連續致書，向段祺瑞獻策。例如，三月七日梁啟超致書段祺瑞：

> 公既歸，京外人皆知外交方針從此決定實行。德國希望既絕，恐其遂鋌而走險。鄙意謂宜即日將德、奧商船捕獲，免其爆鎖黃浦，此目前最要之箸。此箸既辦，即同時宣布絕

交，絕交後，徐議條件最為穩便。

這之後，梁啟超與張君勱以書信形式互通消息，商量有關對德斷交、宣戰及形勢發展等問題。

「府院之爭」仍在繼續。總統府之「府」，實際上是以黎元洪為代表的政治集團；國務院之「院」，乃段祺瑞為代表的政治集團。「府」親英美，「院」親日。

五月十日，段祺瑞指使數千名軍警流氓，組成「公民請願團」包圍了國會，衝進會場，毆打議員，迫使議員通過參戰案，但遭到議員的抵制。氣急敗壞的段祺瑞下令解散國會。那黎元洪也不示弱，非但不解散國會，還動用權力將段祺瑞免職。

「府」、「院」矛盾激化之際，一直盤踞在安徽、江蘇一帶的督軍張勳，率三千名兵馬入京。張勳之兵，個個保留著長長的辮子，亦稱「辮子軍」。「辮子軍」六月七日向京進發，八日進天津，通知黎元洪必須解散國會。黎元洪為武力所迫，於十二日宣布解散國會。十四日，「辮子軍」開進北京城，隨即密電康有為，「速來北京，共襄復辟大業」。

六月三十日黃昏六時，張勳等人換上清朝大臣服裝，率三百餘名兵勇，進入紫禁城舊皇宮。次日，張勳一夥跪拜在十三歲的遜帝溥儀面前，扶其重登皇帝寶座。那溥儀在康有為的指點下，用「御璽」蓋上一道「上諭」，封官賜爵，以為恢復了大清帝制，改民國六年為「宣統九年」。

企圖復辟帝制，自任皇帝的袁世凱，一命嗚呼之後，歷史上又由張勳、康有為等人導演了比袁世凱復辟還短命的皇帝復位鬧劇，給中國近代史留下了一頁醜陋荒唐的文字。

張勳、康有為的這齣復辟鬧劇，遭到各界的強烈反對。

此時的梁啟超正在天津寓所，隔鄰是段祺瑞的宅第。於是，便有了梁、段的晤面和如何面對張勳復辟的商議，決定也用武力解決。七月三日，張勳入舊皇宮第二日，段祺瑞在天津郊區馬場誓師，自任總司令，組成討逆軍，梁啟超擔任討逆軍的參謀，草擬討伐張勳復辟的通電，對張勳、康有為逆歷史潮流的復辟予以揭露聲討。

不久，梁啟超又發表〈反對復辟電〉：

> 昊天不吊，國生虺孽，復辟逆謀，竟實現於光天化日之下。夫以民國之官吏臣民，而公然叛國順逆，所在無俟鞫訊。但今既逆焰熏天，簧鼓牢籠恫脅之術，無所不用其極，妖氛所播，群聽或淆，啟超不敢自荒言責，謹就其利害成敗之數為我國民痛陳之，倡帝政者首藉口於共和政治成績之不良。
>
> 夫近年政治之不良，何容為諱，然其造因多端，屍咎者實在人而不在法。苟非各界各派之人，咸有覺悟，洗心革面，則雖歲更其國體，而於政治之改良何與者？若曰建帝號則政自肅，則清季政象何若，我國民應未健忘，今日蔽罪共和，過去罪將焉蔽。況前此承守成餘蔭，雖委裘猶可苟安，今則悍帥狡士，挾天子以令諸侯，謂此而可以善政，則莽卓之朝，應成郅治，似斯持論，毋乃欺天……

七月十二日，段祺瑞率討逆軍攻入北京，「辮子軍」不堪一擊，作鳥獸散，張勳逃入了荷蘭使館。康有為則逃到美國使館避難，還寫了不少詩，其中有「鴟梟食母獍食父，刑天舞戚虎守關。逢蒙彎弓專射羿，坐看日落淚潸潸」，詩後還附一注：「此次討逆軍發難於梁賊啟超。」由此可見，昔日的師徒「康梁」因政治立場不同而成了生死對手。張勳的「辮子軍」復辟宣告失敗，段祺瑞回到北京，梁啟超也離開天津赴京。

七月十七日，段祺瑞內閣成立，任命梁啟超為財政總長。十九日，梁啟超通電宣布就職，致電馮國璋大總統：

南京大總統鈞鑒：七月十七日敬承策令，俾長財政，感悚莫名。啟猥以疏才，膺茲重寄，艱虞所迫，義不容辭，已於效日就職，顧念邦基再奠，國計維艱，此後因時阜用，端秉訓謨，敢竭股肱，以期康濟，除正式呈報外，特此電聞。

接著，七月十九日，梁啟超又致各省督軍省長一電：

啟超奉令筦領財政，業於七月十九日就任視事，自顧軨材，慚膺艱巨，國基再奠，籌濟攸資，伏盼中外一心，共支危廈，盡言匡誨，時賚良規，俾啟超得以罄智效忠，借紓國計。特此電聞，佇候明教。

此次閣員有兩個憲法研究會會員，即內務總長湯化龍和司法總長林長民，加上教育范源濂、外交汪大燮（字伯棠）、農商張國淦（字乾若），都與梁啟超有舊，這次梁啟超對與段祺瑞政府合作抱有很大希望。《申報》七月三十日登載：

憲法研究會昨開大會，梁任公報告入閣主義，在樹政黨政治模範，實現吾輩政策，故為國家計，為團體計，不得不犧牲個人，冒險奮鬥，允宜引他黨於軌道，不可摧殘演成一黨專制惡果。吾人負此重責，願諸君為後盾。

七月二十四日，國務院通電各省，徵求對於召集臨時參議院之意見。二十五日，《申報》發表梁啟超對國會問題的談話。據說國務院徵求各省召集臨時參議院意見的通電，也是出自梁啟超手筆，二十八日《申報》記其事：「徵求召集臨時參議院意見電，系二十四日發，為任公手筆。」

因此當日輿論頗多不滿於梁啟超，更有甚者，南方藉口發起護法運動，造成南北對立的局勢，這是梁啟超始料所不及的。

尤其是眾議院議員趙炳麟代表康有為致信梁啟超，抨擊梁啟超自民國以來的表現，將梁啟超推到了風口浪尖。信中說：「生之言論甚高而其行何卑且謬也。古今中外，無論為君主立憲、民主立憲，必有締造之真理貫注於政體中，而其國乃豸……中華民國僅六年，生與湯化龍已兩次行逆矣。民國二年之違法解散國會也，湯主謀，生主筆，慫恿項城以憲法為名，驅逐議士，逮捕黨人。生與湯換得司法、教育二總長，民憤不伸，亂事踵起，殺吾聰秀國人殆數十萬。使生與湯能行其道，即視此數十萬生命如塵芥，雖曰不仁，尚可說也。項城猜忌生與湯，終被擯斥，狼狽出國門。」（《趙伯岩集・文存》）此信揑造事實，惡毒誹謗，趙、康二人之下作，可見一斑矣，影響尤其惡劣。

八月十一日，雲南督軍唐繼堯通電擁護約法。十四日，政府宣布對德、奧宣戰，據《申報》八月十七日登載，其布告出自梁啟超之手。

此刻，正處於南北分裂，直接原因是北方堅持召集臨時參議院，結果就有雲南擁護約法的通電和兩廣宣布自立，北方的段祺瑞開始準備武力解決。形勢一觸即發。

梁啟超為大局計，費了很大的精力斡旋南方和北方的意見，皆無效果。事態進一步擴大，南方軍政府準備北伐。

梁啟超就任財政總長一職，原抱有很大希望，想利用緩付庚子賠款和幣制借款，來徹底改革幣制，整頓金融，結果事與願違。梁啟超退而求其次，想維持現狀。但面臨的狀況是國庫虛空如洗，財政入不敷出，再加上各方面牽制干擾，梁啟超寸步難行。

十一月十八日，梁啟超在任職四個月後向段祺瑞遞上了辭呈：「復任以來，竭智盡力……雖規劃略具，而實行維艱。」

張朋園在《梁啟超與民國政治》一書中寫道：「（梁啟超）不能有所施展的一個重要

原因，乃段祺瑞的西南用兵政策，消耗了北京政府所有的財力。段氏用兵期間，軍費龐大，加之各省軍人不僅截留解款，進而藉故向中央需索，幾使中央瀕於破產。」

後來，梁啟超曾進行自我反省。一九二一年十二月二十日，梁啟超在北京高等師範學校平民教育社的公開講演中說道：

別人怎麼議論我我不管，我近來卻發明瞭自己一種罪惡，罪惡的來源在哪裡呢？因為我從前始終脫不掉「賢人政治」的舊觀念，始終想憑藉一種固有的舊勢力來改良這個國家，所以和那些不該共事或不願共事的人，也共過幾回事，雖然我自信沒有做壞事，多少總不免被人利用我做壞事，我良心上無限苦痛，覺得簡直是我間接的罪惡，這還是小的。我的最大罪惡，是這幾年來懶了，還帶上些舊名士憤時嫉俗、獨善其身的習氣，並未抖擻精神向社會服務，並未對於多數國民做我應做的勞作。我又想，凡人對於社會都要報恩，越發受恩深重的人，越發要加倍報答。像我恁樣的一個人，始終沒有能夠替社會做出一點事，然而受了社會種種優待，虛名和物質生活都過分了，我若還自己懶惰，不做完我本分內的事，我簡直成了社會的罪人。

是年，梁啟超從政焦頭爛額，舉步維艱，年底偶有餘暇，仍不失文人本色，開始在家中事治碑刻之學，甚為用功，為金石跋、書跋、書籍跋甚多。

第四章

潛心著述《中國通史》，與胡適有深厚交誼

戊午（一九一八），梁啟超四十六歲。

春夏間，梁啟超摒棄雜事，潛心研究中國歷史，成十餘萬言。

初秋，梁啟超因過於用功，患嘔血病，《中國通史》的寫作被迫停止。

十月，和平統一運動興起，南北名流有和平促進會之組織。

十二月，醞釀很久的旅歐計畫成功。二十八日，梁啟超偕蔣方震（字百里）、劉崇傑（字子楷）、丁文江（字在君）、張君勱、徐新六（字振飛）、楊維新（字鼎甫）等人由上海分乘郵輪，前往英國。

新年伊始，梁啟超便有發起松社的計畫。在天津寓所，蔣百里與梁啟超曾商量此事。一月十二日，張君勱致信梁啟超，談及發起松社的目的和功用：

別又數日，良念。晨間唐規嚴來談松社發起事，以讀書、養性、敦品、勵行為宗旨。規嚴之意，欲以此社為講學之業，而以羅羅山、曾文正之業責先生也。聞百里前在津曾亦為先生道及此舉，今日提倡風氣舍吾黨外，更有何人？蓋政治固不可為，社會事業亦謂為不可為，可也？苟疑吾自身亦為不可為，則吾身已失其存在，復何他事可言。笛卡兒所謂「我思，故我存」。惟有我思，故有是非。哲學之第一義諦如是，道德之第一義諦亦復如是。規嚴之意既為方今救世良藥，而又為吾黨對於社會對於自身處於無可逃之地位，故力贊其說，而敢以就正於先生也。望有以教之。至此社辦法，一、既為修養團體，無取發表於外。二、人數極少，僅以平日能相信者為限，合軍人政客於一堂。三、一星期請先生來京一二次，就人心風俗處講演一二時。四、標修數事，為身心之修養。五、此外各任就智識科學問研究，如有所得，可與公眾相交換。此皆森感想所及，拉雜書此，其詳尚待商訂也。乞示覆，俾與百里規嚴等商之。

三月，梁啟超開始寫作《中國通史》，他的朋友、商務印書館的陳叔通於三月十三日在他的信中寫道：「《通史》但日以為程，似不可求速，製圖自較作表更艱，敬意宜挽人為助。蚤寢誠難得，循是以往。所謂清明在躬，志氣如神，於學問事業均極有關係。」

梁啟超放棄社會活動，每日早睡早起，勤奮著述，「吾每日晨六時前必起，十一時前必睡，似此已多旬矣。吾用決心強制，欲克制三十年來惡習，緣此致病數日」（民國七年〈與亮兄書〉）。

很快，梁啟超就有斬獲，《中國通史》的先秦部分，準備交給商務印書館付印，做成特裝本，用仿宋體出版。

> 所著已成十二萬言，前稿須複改者頗多。自珍敝帚，每日不知其手足之舞蹈也。體例實無餘暇作詳書告公，弟自信前無古人耳。宰平曾以半日讀四萬言之稿兩遍，謂不忍釋，吾計凡讀者或皆如是也。頃頗思「先秦」殺青（約端午前可成），即先付印，《傳》、《志》別行，此惟有《年表》、《載記》、《志略》三種，「先秦」之部都十一卷，冠以總敘一卷，約二十萬言也。故願與公一商印事。鄙意極厭洋裝，惟有地圖、有金石拓片，華裝能否善此，若能之，甚望商務為特裝——仿宋鉛字印之。如西泠社所有但當加精。為商務計，若欲復古籍，此固不可少也。如何希詳密見復。劍丞南下當帶閣帖，欲作跋久不敢下筆，當續寄耳。季常日內返津，並聞。（民國七年五月〈致陳叔通君書〉）

七八月間，梁啟超再次致信陳叔通，除了商量松社開會，由信中可知，松社乃當時一個名流讀書交流、策劃編寫書稿的民間組織。信中還談及他要自辦雜誌，分期登載《中國通史》，版權自有，只請商務印書館代為印發。

再書具悉。版稅折早收。松社章程前已加入兩名，寄還尊處，公復書亦已至。今所云改削寄下者，何指耶？望將前稿即付印勸捐可耳。松社約可以何時開幕？若在中秋前後，弟或可一至也。「泉托」及「說」敬收安肯不留。頃方讀《古泉匯》，適鮑子年藏品，方陳列於造幣廠，因往摩挲，與味大起，購致實品，需力需時，此不敢遽希冀，頗思廣搜拓片，公遇機乞為我致之。

頃復思出雜誌，專言學問，不涉政論，即以通史稿本分期付印，廣求當世評騭目的在此，其他讀書筆記之類，數月來所積亦不少，而君勱、百里、振飛諸君，亦頗著有成書，計現所有者已足供半年六期之資料而有餘，故欲遽辦之。惟印刷發行問題，頗難解決，蓋《通史》版權必欲自有，故不能與他方面生糾葛，而自行印發，又所不欲，故擬托商務代印發，而定一雙方有利之公平條件，望一一代籌，為草一稍詳之計畫書見復，至盼。

大約是同時，梁啟超致信其弟梁啟勳，從中可見他在津門寓所著《中國通史》的分卷情況：

今日《春秋載記》已脫稿，都百有四頁，其得意可想，夕當倍飲以自勞，弟亦宜遙浮大白以慶我也。擬於《戰國載記》後，別為《秦以前文物制度志略》一卷，以後則兩漢、三國為一卷，南北朝、唐為一卷，宋、元、明為一卷，清為一卷，皆不以羼於《載記》，弟所編資料可從容也。明日校改前稿一過，即從事《戰國》，知念奉聞。潛夫。

梁啟超埋頭著述，自得共樂，但一面著述，一面外出講述，所以患嘔血病甚久。

病初起本不輕，西醫言是肋膜炎，且微帶肺炎，蓋蓄病已旬日，而不自知，每日仍為長時間講演，餘晷即搦筦著述，頗覺憊而不肯休息，蓋發熱殆經旬矣。後忽咯鮮血約半碗許，始倉皇求醫，服東醫藥旬日，病不增而已，而憔悴日甚。老友唐天如自粵急難來相視，服其藥五日，病已去八九。（民國七年〈致菊公陳叔通君書〉）

九月十六日，陳叔通致信梁啟超，勸他戒酒、少看書，暫停寫作《中國通史》一年半載：

兩得仲策先生書，稍慰馳念，希陶約同詣津一視，志清頻行亦以為言，卒苦於館務牽率，口腹累人，可恨可恨，今得十一日手簡，尤以為慰。自仲策書至，即已傳示各友好矣。敬求注意者兩事：（一）戒酒，（二）少看書。《通史》切宜停編半年或一年以後再繼成之。未知可允否。

但梁啟超閒不住，病癒之後，《中國通史》的寫作工作是暫停了，卻讀起了佛書。九月二十三日，梁啟超致信林志鈞（字宰平）：

昨譚殊未饜，賤子半生惟騖多聞，今茲靈府尚為此結習所據，乃至病中一離書卷，遽如胡孫失樹，自審障深矣，極思皈受持一經論，切實修證。公試察我根慧，導以法門，明知不宜沾滯文字相以益其病，第不能離文字而有所入，故仍假塗於此，唯有以饒益之，敬上宰平居士。

有時，想從俗世遁入佛學，乃是一種精神逃避。經歷輝煌而多蹇的梁啟超，由積極進取到消極處世，向虛無逃遁。

十月十日，徐世昌在北京就任大總統。十月二十三日，熊希齡等人通電發起和平期成會。十月二十四日，北京政府順從民意，尊重和平，下令停戰。而歐戰在十一月結束，當月十一日協商各國與德國簽訂休戰條約。十一月二十二日，廣東軍政府通令休戰。十二月十八日，全國和平聯合會在北京開會。

報載，和平運動發起時，梁啟超也是中堅領袖之一，極贊成其事，但從未參與其中。十月二十六日《申報》登載他對記者的談話，從中可見他對和平運動和整個國事的主張和態度：

問：近日平和期成會之組織，先生與聞乎？

答：聞之，旬日來各方面皆有人來接洽。

問：此會得先生協同主持，當更有力。

答：余未加入。

問：然則先生不以平和旨宗為然乎，抑有所不慊於此會乎？

答：否，平和為今日時勢所必要，且亦鄙人夙所主張，此會發起諸賢，又皆平昔所契敬，主持其事者，實為最親愛之人，吾聞此會成立發展，喜極不寐也。

問：然則何為不加入？

答：此會屬吾個人之事，不含政治意味，其一因大病新起，元氣未復，醫者即力戒節省思慮，且必須轉地療養。吾平生擔任一事，必思積極負責任，此時籌劃奔走，既非病軀所堪，徒掛空名，則又何必。其二有數種著述，經營多年，迄未成就，皆由於政治所牽擾，致荒本業。一年以來，閉戶自精，略成十餘萬言，但所就僅十分之一二，自審心思才力，不能兩用，涉足政治，勢必荒著述，吾自覺欲效忠於國家社會，毋寧以全力盡瘁於著述，為能盡吾天職，故毅然中止政治生涯，非俟著述之願略酬，決不更為政治活動，故凡含有政治意味之團體，概不願加入。其三此會成否，及其效果如何，決不以吾一人進退為輕重，故吾可以不加入。

問：舊進步黨員與先生關係甚密，先生既如此消極，諸賢得毋亦取同態度乎？

答：凡以政治為職志者，則目前第一問題，當先盡力以取得和平，然後政治始可言。我同志諸賢既未脫政治關係，此吾以為亟當與各派協同活動，不容消極。至於鄙人生平，向不取消極主義，今中止政治生涯，將從別方面有所積極耳。謂不作政治活動，即為消極，吾所不承。

問：此次和平運動，先生卜其能成否？

答：若和平不成，則紛擾何日始了，非至國亡，恐無了日。以全國人心理所趨，及世界大勢所迫，宜若可成。雖然，若非雙方當事者及大多數國民有根本覺悟，則終恐無成，即成亦無補於時局也。

十一月，歐戰結束，和平會議即將開幕，忽然有因處置敵僑等事未能盡其責任、不能列席的傳說。梁啟超立刻撰寫〈為請求列席平和會議敬告我友邦〉一文，發表在北京《公民報》上。十一月二十六日的《申報》載有「梁啟超到京宣示兩主張，歐戰議和主促陸使早行，先赴美交換意見，再至歐。內閣問題如不正式組閣，不必提交國會」。

正是在十一月，梁啟超結識了胡適。十一月七日，徐新六致信梁啟超，介紹了胡適：「胡適之先生現任北京大學掌教，主撰《新青年》雜誌，其文章學問久為鈞座所知，茲有津門之行，頗擬造譚，敢晉一言，以當紹介。」

十一月二十日，胡適致信梁啟超，論及墨學，並請求拜見梁啟超：

> 任公先生有道：
>
> 秋初晤徐振飛新六先生，知拙著《墨家哲學》頗蒙先生嘉許，徐先生並言先生有墨學材料甚多，願出以見示。適近作《墨辯新詁》，尚未脫稿，極思一見先生所集材料，惟彼時適先生有吐血之恙，故未敢通書左右，近聞貴恙已愈，又時於《國民公報》中奉讀大著，知先生近來已復理文字舊業，適後日十一月二十二日將來天津南開學校演說，擬留津一日，甚思假此機會趨謁先生，一以慰生平渴思之懷，一以便面承先生關於墨學之教誨，倘蒙賜觀所集墨學材料，尤所感謝。適亦知先生近為歐戰和議問題操心，或未必有餘暇接見生客，故乞振飛先生為之紹介，擬於二十三日星期六上午十一時趨訪先生，作二十分鐘之談話，不知先生能許之否？適到津後，當再以電話達尊宅，取進止。

兩位文化巨人，如期在天津的梁啟超寓所晤面，這是他們第一次相見。

梁啟超與胡適，都是中國近代史上的著名學者，在中國文化和教育發展史上均占有重要地位和具有深刻影響。

胡適小梁啟超十八歲，一直視梁啟超為前輩思想家和學者，極為尊崇。梁啟超流亡日本，創辦《清議報》、《新民叢報》、《新小說》等報刊，其文章「驚心動魄，一字千金，人人筆下所無，卻為人人意中所有，雖鐵石人亦應感動，從古至今，文字之力之大，無過於此者矣」（〈黃公度致飲冰室主人書〉），那時正在上海讀書的胡適，成為梁啟超的崇拜者。

後來，胡適到美國求學，其間仍然關注梁啟超的活動和言論。一九一二年底，梁啟超歸國，時年二十一歲的胡適得知，在留學日記裡寫道：「梁任公為吾國革命第一大功臣，其功在革新吾國之思想界。十五年來，吾國人士所以稍知民族思想主義及世界大勢者，皆梁氏之賜，此百喙所不能誣也。去年武漢革命，所以一舉而全國相應者，民族思想政治入人已深，故勢如破竹耳。使無梁氏之筆，雖有百十孫中山、黃克強，豈能成功如此之速耶！近人詩『文字收功日，全球革命時』，此二語唯梁氏可以當之無愧。」

胡適對梁啟超的高度評價是一以貫之的，後來他自身成為名家，對梁啟超的崇敬仍然未改。

一九一五年二月，《大中華》雜誌發表了梁啟超的〈政治之基礎與言論家之指標〉一文，分析了中國的社會與政治現狀，對於先有良政治還是先有良社會的問題，梁啟超認為政治與社會是相互作用的，但政治的基礎在於社會。他認為言論家談論政治，不外乎三個方面：一是褒貶人物，二是討論政策，三是商榷國制。梁啟超還提出運用現代的政治，所必要的條件有八：

（一）有少數能任政務官或政黨首領之人，其器量學識才能譽望，皆優越而為國人所矜式。（二）有次多數能任事務官之人，分門別類，各有專長，執行一政，決無隕越。（三）有大多數能聽受政譚之人，對於政策之適否，略能瞭解，而親切有味。（四）凡為政治活動者，皆有相當之恆產，不至借政治為衣食之資。（五）凡為政治活動者，皆有水準線以上之道德，不至擲棄其良心之主張而無所惜。（六）養成一種政治習慣，使卑劣闒冗之人，不能自存於政治社會。（七）有特別勢力行動軼出常軌外者，政治家之力能抗壓矯正之。（八）政治社會以外之人人，各有其相當之實力．既能為政治家之後援，亦能使政治家嚴憚。具此諸條件，其可以語於政治之改良也已矣。

胡適閱讀完這篇文章，將讀後感寫進了五月二十三日的留學日記裡，云「其與吾意相合」。他讚揚了梁啟超提出的運用現代政治的必要條件，認為具有現代政治學的眼光。胡適一度將中國的前途命運寄託在梁氏一派身上，這是因為梁啟超的政治主張基本源於西方，在美留學的胡適極易與之產生共鳴。

一九一七年，胡適學成歸國，二十六歲的他成為北京大學文科教授。北大的前身是京師大學堂，「百日維新」時，光緒帝召見梁啟超賜六品銜，命其辦理京師大學堂及譯書局等事務。梁啟超為京師大學堂草擬章程，實際成為京師大學堂的創辦人。梁啟超一九一二年從日本歸國時，北京大學的學生曾敦請梁啟超任北京大學校長。因其他事件牽絆，梁啟超未能到北大任職，但他多次到北京大學演講。應該說，梁啟超與胡適，皆與北京大學有緣。

其實，早在胡適的《文學改良芻議》在《新青年》發表之時，梁啟超即有響應，贊成文學改良和白話文運動，指出文言文阻礙了文學、文化和科學的進步。自從兩人晤面，來往便密切多了。

一九二二年，胡適完成了《中國哲學史大綱》一書，請梁啟超指點批評。為此，梁啟超在三月離開天津，前往北京大學為哲學社做了一場題為「評胡適之《中國哲學史大綱》」的演講。前輩對晚輩毫不客氣地提出不少問題，非常尖銳，但是口氣和緩，態度真摯。

梁啟超說：「近年有兩部名著：一部是胡適之先生的《中國哲學史大綱》；一部是梁漱溟先生的《東西文化及其哲學》。哲學家裡頭能夠有這樣的產品，真算得國民一種榮譽。」

三十一歲的胡適，在臺下聽後十分感動。梁啟超稱他為哲學家，還稱他的著作為名著。特別是梁啟超還說：「這書處處表現出著作人的個性，他那銳敏的觀察力，緻密的組織力，大膽的創造力，都是『不廢江河萬古流』的。」聽到前輩如此褒獎，胡適誠惶誠恐。

而胡適對梁啟超在中國文學、文化方面的巨大影響，是高度肯定的。胡適在《五十年來中國之文學》一書中說，梁啟超是語言大師，他可以調動運用各種字句來寫文章，看似不合「古文義法」，卻有極大的衝擊力和魔力，他破了古文、時文、散文、駢文的界限，甚至把詩、詞、歌、賦也拉了進來，解放了文體，長於議論，富有條理，筆端帶情感，最引人入勝，有鼓動性。

當然，胡適作為一位晚輩學者，對梁啟超也不是一味虛美、隱惡，而是實事求是地臧否。特別是在政治方面對梁啟超的機會主義有不客氣的批評，認為梁啟超並未擺脫北洋舊官僚的影響。胡適在一九二二年二月七日的日記中，指出梁啟超一生犯的最大錯誤，就是自願到北洋政府去做官。胡適評論可謂切中肯綮，被眾多史學家認同。

胡適並未因此對梁啟超有所輕慢，他在《四十自述》中，高度評價了梁啟超在清末所做的啟蒙運動，認為他在「少年人的腦海裡，種下了革命的種子」，使眾人「接受了社會進化論」。他評價梁啟超的文章，「明白曉暢之中帶有濃厚的熱情，使讀的人，不能不跟著他走，不能不跟著他想」，還說「我們在那個時代讀這樣的文字，沒有一個人不受他的震盪感動的」，「他指揮那無數的歷史例證，組織那些能使人鼓舞，使人掉淚，使人感激奮發的文章，其中如〈論毅力〉等篇，我在二十五年後重讀，還感到他的魔力」（胡適《四十自述》）。語多剴切。

在《四十自述》中，胡適還從兩個方面總結自己「受了梁先生無窮的恩惠」。一方面，是梁氏的《中國學術思想變化之大勢》「第一次用歷史眼光來整理中國舊學思想」，給了自己一個「學術史」的見解，使自己知道中國除了四書五經之外，還有學術思想，擴大了自己的視野，自己能寫中國哲學史，是受了梁啟超的啟發。另一方面，梁啟超之「新民說諸篇給我開闢了一個新世界，使我相信中國之外，還有很高等的文化」，給自己一種「作新民」的進步思想。

胡適不是飲冰室的常客，與梁啟超之間的交往並不頻繁，甚至有些疏遠，但是，兩人私交的情誼很深。

等到胡適抽出時間要去看望梁啟超時，梁啟超已經臥床不起了。一九二九年一月十九日晚九時許，胡適回京，向好友任鴻雋（字叔永）詢問梁啟超的病情。次日胡適才知梁啟超已駕鶴西行。在梁啟超的公祭儀式上，胡適淚流滿面，不勝悲痛，為梁啟超作輓聯曰：

文字收功，神州革命；生平自許，中國新民。

言歸正傳。梁啟超長年參與政治，卻無法實現自己的政治理想，從政失敗，有些心灰意懶。

是年十月下旬，在與記者的談話中，他坦承自己要終止政治仕途生涯，躲進飲冰室，致力於學術著述。為充實自己，梁啟超擬在這年年底前往歐洲遊歷。後來，他在《歐遊心影錄》中談到此次遊歷歐洲的目的。一是做學問要長知識，開闊眼界，汲納外國新知。看看歐洲經歷的世界大戰是如何收場，又是如何重建的。二是自己對正義、人道的外交一直感興趣，想瞭解此次巴黎和會是否能改變不合理的國際關係，為持久的和平奠定基礎。三是以私人身分，向世界申訴冤屈與痛苦。

十二月，梁啟超的歐遊計畫進行成功。是月初旬，梁啟超曾到北京，與大總統徐世昌接洽數次，並與駐京的各國公使周旋一切，將事情辦妥。十二月十日，《申報》記其事：

梁氏以個人資格前赴歐洲，早經決定，日前來京趨謁東海，接洽數次，並與駐京外交團周旋一切，現事已完竣，業於昨日下午四時四十五分出京回津，料理行裝，各部院人員及其朋舊昨赴東車站送行者甚多，聞之行期，已定於本月二十九日乘日本郵船橫濱丸由滬直航歐洲，大約二十五日將由津赴滬，在起程前尚須來京一次，亦未可知。

雖說是梁啟超等人以個人資格出國遊歷，但其實是公家出資六萬，友朋饋贈四萬，雖「不負直接責任，然關係當不少」。十二月二十三日，梁啟超出津門，乘火車先赴上海，途遇大雪，到上海後赴歐另六人聚齊。因船位缺乏，七人只能分乘兩艘郵輪赴歐。丁文江、徐新六兩人乘船向東，經太平洋、大西洋駛往歐洲；梁啟超偕蔣百里、劉子楷、張君勱、楊鼎甫，搭乘日本郵船會社的「橫濱丸」，取道印度洋、地中海。到倫敦後眾人再會合。

梁啟超在《歐遊心影錄》中記下了動身歐遊事宜：

我們是民國七年十二月廿三日由北京動身，天津宿一宵，恰好嚴范孫（名修，字范孫，號夢扶）、范靜生從美國回來，二十四早剛到，得一次暢談，最算快事。二十四晚發天津，二十六早到南京，在督署中飯後，即往上海，張季直（名謇，字季直）由南通來會。廿七午，國際稅法平等會開會相餞，季直主席，我把我對於關稅問題的意見演說一回。是晚我們和張東蓀（原名萬田，字東蓀）、黃溯初談了一個通宵，著實將從前迷夢的政治活動懺悔一番，相約以後決然捨棄，要從思想界盡些微力，這一席話，要算我們朋輩中換了一個新生命了。廿八晨上船，搭的是日本郵船會社的橫濱丸。

旅途遙遠，行程漫長，七人乘船前往倫敦，要在茫茫的大海上航行一個半月。在海外闖蕩有年的梁啟超，在一九一九年一月十三日給長女梁思順的信件中，談到航行剛開始時的生活：

舟行之樂，為生平所未見，波平如鏡，絕似泛瓜皮於西湖也。君勱最畏海行，一登舟即解衣高臥，置備嘔器於枕畔，數日後乃以大航海家自命矣。

所乘橫濱丸乃丙辰二月吾在上海乘往香港者，汽爐旁之暗室，即吾草檄之地。而同行之人，覺頓、孟曦皆為異物，循覽前塵，感慨系之。舟中執事皆已易人，惟一給役在耳，頗似白頭宮女談天寶也。

每日起皆極早，觀日出已二度。

初登舟即開始習法文，頃已記誦兩百字，循此不倦，歸時或竟能讀法文書矣。

每日功課晨起專習法文，約一時許，次即泛覽東籍約兩三日盡一冊。午後假寐半時許，即與百里下棋日兩三局，傍晚為打球戲，晚飯後談文學書，中間仍時時溫誦法文。

同舟有暹羅特使，詢暹事頗悉。

又有波蘭人，陽曆元旦食堂懸各國旗，波蘭無有，其人乃自製一面。

抵星加坡時有領事作嚮導，尚能遍歷諸地，抵濱嶼時無嚮導者，時間亦太短。聽命於車夫，僅在汽車中過數小時耳。初欲往山頂旅館，旋以時間不足而止，極掃興也。

明日抵哥侖波，泊舟二日，其地為佛說《楞伽經》處，當恣意攬勝耳。

此行若能攜汝同遊，豈非至樂。舟掠緬甸緯度而過，回望悵然。

信末一句「舟掠緬甸緯度而過，回望悵然」，時長女梁思順正隨夫君周希哲駐使緬甸，梁啟超不能前去探望，只能惆悵地眺望。

第五章

旅歐巴黎和會發聲，保衛疆土「五四」爆發

己未（一九一九），梁啟超四十七歲。

二月十一日，梁啟超一行抵達倫敦，十八日抵達巴黎，瞭解觀察巴黎和會情形。

三月七日，梁啟超一行自巴黎出發，考察英、德、法等國戰場，後返回法國。

六月七日起，梁啟超一行遊英國一個月。

七月一日，梁啟超致電汪大燮（字伯棠）、林長民，請轉南北當局，速捐私見，以謀統一。

七月末旬，梁啟超一行遊比利時。

八月初旬，梁啟超一行遊荷蘭，末旬遊瑞士。

秋季，梁啟超一行遊義大利，後返巴黎，居兩個月。

十二月十日起，梁啟超一行遊德國一個月，次年一月十一日復返巴黎，準備歸國。

「橫濱丸」於一月十四日到達錫蘭島，梁啟超等人遊覽了臥佛寺和坎第湖。一月二十一日，郵船進入紅海，梁啟超等人目睹了落日沉入大海的奇觀，夕陽與海水在天際融為一體。又經七天航行，郵船經過窄窄的蘇伊士運河，兩岸尚可見戰火硝煙的殘跡。一九一七年，土耳其與英軍在這裡血戰，當年戰壕、鐵絲網和暗堡尚在。「橫濱丸」是戰後第二艘通過運河的船隻。郵船進入地中海，駛入曾被西班牙強占，又被英軍奪走的直布羅陀海峽，那地勢險峻得令人嘆為觀止。

二月十一日，郵船抵達倫敦。梁啟超在給長女梁思順的信中說：

> 此行橫斷地中海出直布羅陀海峽，沿大西洋岸而行，余舟所罕經也。海行恰四十五日，舟今在倫敦港外三十裡，頃刻登陸矣。此行在印度洋波平如掌，紅海毫不苦炎，舟中每日黎明即起，以數小時習法文，餘日則打球下棋，間亦作詩，為樂無極。惟出直布羅陀海峽後，遇大風三日，同行人多不支者，吾則健飯如常也。萬事一無睹聞，惟日與天光海色相對，覺飄飄有出塵想，登陸後恐無復此樂矣。在歐擬勾留七八月，歸途將取道巴爾幹，入小亞細亞，訪猶太、埃及遺跡，更在印度略盤桓，便到緬甸，攜汝同歸也。所為詩十數章，寄汝存之。

四十五天的海上航行，有些單調而寂寞，梁啟超後來在《歐遊心影錄》中回憶途中的生活：

我們在船上，好像學生旅行，通英文的學法文，通法文的學英文。每晨八點鐘，各地抱一本書在船面高聲朗誦，到十二點止，彼此交換著當教習。別的功課，照例是散三趟步，睡一趟午覺，打三兩趟球，我和百里，還每日下三盤棋。餘外的日子，都是各人自由行動了。我就趁空做幾篇文章，預備翻譯出來，在巴黎鼓吹輿論。有三兩篇替中國瞎吹，看起來有點肉麻，連稿也沒有存了。內中一篇題目叫作「世界和平與中國」，算是表示我們國民對於平和會議的希望，後來譯印英、法文，散布了好幾千本。

海上的日子讓人無精打采，但是，二月十一日「橫濱丸」到達倫敦，見到泰晤士河兩岸「蔥蔥鬱鬱，煙雨樓臺」，旅客們頓時歡呼雀躍起來。先期抵達倫敦的丁文江、徐新六兩人，與中國駐英使館的一群人，早已在碼頭迎迓。

一句題外話。在二月十一日的中國內，北京大學召開國際聯盟同志會，教職員和學生千餘人參加，公推梁啟超為理事長。

此時的歐洲，因經歷大戰而遍地焦土，到處是殘垣斷壁，經濟凋敝，民生艱難。梁啟超一行的旅歐行，吃盡了苦頭。

在倫敦，梁啟超一行被安排在上等旅館。此時正是倫敦最寒冷的時候，旅館竟然沒有暖氣，壁爐因無木材也是冰涼一片，甚至連自來水都停止供應。旅館裡的燈光微弱如油燈。至於飯菜，質劣量又少。

丁文江、徐新六兩人先到巴黎做準備，梁啟超一行五人在倫敦停留五日。其間，他們前往參觀英國國教的教會堂——西敏寺。英國歷代君主的加冕和大葬都在這裡舉行。他們又參觀了被譽為「世界民主政治老祖宗」的英國國會巴力門。英國的兩大政黨，代表英國兩種重要的國民性——愛自由和愛保守。

二月十八日，梁啟超抵達巴黎，於三月七日出發遊察戰地。法國政府承擔梁啟超一行的所有旅費並派出兩人隨行。梁啟超在三月七日給長女梁思順的明信片中介紹此行：

> 抵巴黎後，無一刻安暇，並郵片亦不及寫矣。頃遊覽戰地，以十日為期，法政府派二人隨行，一切旅費皆所供億，情意至殷渥。三月七日晨七時乘汽車發巴黎，十一時至蘭市，蘭市昔為大都市，有十一萬人，今餘數千耳。市中舍宇無一完者，蘭市為法國宗教上第一名城，城建於三世紀，有羅馬帝奧古斯丁之凱旋門，城中教堂最著名，為峨特式建築之最勝者，作始於十二世紀，至十六世紀乃成，四壁所雕石像兩千五百餘，皆精絕。一九一四——六——八年德人三次炮擊之，專以教堂為射的，殘破過半矣。

然後，一行人前往凡爾登市，走的是一條筆直的大路。到達凡爾登市，只見到處是殘垣斷壁，人煙無蹤。梁啟超目睹這些景象後，感慨地評論道：「比起破壞的程度來，反覺得自然界的暴力，遠不及人類野蠻人的暴力，又遠不及文明人哩。」（《歐遊心影錄》）眾人表示贊同。

天氣異常寒冷，整個凡爾登市沒有一家店鋪，他們只好躲到沒有被摧毀的炮臺裡頭。這炮臺離地平面好幾十丈，裡面竟然有一座大教堂。據說地上炮火連天，而這裡頭的祈禱禮拜，未曾間斷。另外有一個頗大的音樂場，地面兩軍相搏，血流滿地，這裡仍有士兵打仗回來，在這裡奏樂、唱歌、跳舞、看影戲，或舉辦軍中文藝會、軍中美術會。梁啟超參觀後，不勝感慨，說這便是「歌舞從戎」和「投戈講藝」。

一行人在炮臺內的食堂解決午飯的。出了地堡，一行人再到別的炮臺參觀，只見又是焦土一片，寸草不生，到處是彈坑和被毀的武器，死氣沉沉。梁啟超駐足說：「真不料最寶貴的科學發明給這班野獸一般的人拿起來戕殺生靈、荒穢土地。老子說『聖人不死，大盜不止』。其言很有至理哩。」

離開凡爾登市，一行人前往洛林州的首府梅斯。洛林、亞爾薩斯二州，是幾百年來法、德相互爭奪的地方。這次大戰，德國一敗塗地，戰後和會有了新的了斷，法國得到了想要的。

梅斯分新、舊二城，是法、德文明的交沖點。

離開梅斯，一行人前往亞爾薩斯的首府斯特拉斯堡。斯特拉斯堡遠比梅斯宏大，是歐洲中部一座歷史古城，其建築風格是文藝復興時代式的，屋頂呈尖三角形，壁畫裝飾外牆，古雅經典。後來，梁啟超在《歐遊心影錄》中寫道：

巴黎羅浮宮前面有八座女神像，代表全國，內中一座，就是司脫（斯特）拉斯堡女神。自從德國割去亞、洛二州，巴黎市民便在這神像左臂上纏一塊黑紗，表示持喪服的意思。每年到割讓紀念日，總有無數人集在這女神像下，徘徊瞻戀，繼以痛哭，五十年來如一日。直到這回休戰條約實行，兩州完全光復，那神臂黑紗方才除掉，如今滿身都掛著極美麗的花球花圈了……我們遊亞、洛二州，刺激最深的，就是法國人這點愛國熱誠，他們全國人無論男女老幼，識字不識字，對於這件事都當作私仇、私恨一般，痛心刻骨，每飯不忘。法國能夠轟轟烈烈站在世界上頭，就是靠這點子精神貫注。將來若有世界大同那一天，把國界破掉，那是別個問題；若是國家這樣東西一日尚存，國民缺了這點精神，那國可就算完了。這點精神和所謂軍國主義卻是根本不同，軍國主義是要凌奪別人，這點精神只是防衛自己。

這些文字表面上梁啟超只是在讚賞法國人民的愛國主義精神，但聯繫他對巴黎和會在決定中國領土青島的歸屬問題的憂慮，這種讚揚，實際上體現出了梁啟超濃厚的愛國主義精神。

三月十二日，梁啟超一行又參觀了萊茵河右岸聯軍駐防地。這裡原本是德國工商業十分發達的地帶，後來成了軍事要衝。沿途所見，兩岸已無昔日的旖旎風光和繁榮。他們進入法、比地界，參觀了比、法交戰的戰場。天色漸暗，三輛汽車有兩輛拋錨，無奈，他們只好在一個叫白馬店的地方投宿一夜。天亮時，汽車仍未修好，一行人只好到火車站搭乘火車，前往比利時首都，然後再轉到巴黎。

春深四月，梁啟超一行人又踏上考察西歐北部戰場之旅。途中，他們瞻仰了盧梭的故居等地。五月，他們重回巴黎。我們可以從六月九日梁啟超寫給其弟梁啟勳的信中，瞭解到這幾個月的遊覽情況：

住巴黎雖數月，然遊覽名勝頗少，因每日太忙，惟來復稍得休暇，則盡一日之力，以流連風景，故所得殊少，其間有可特別相告者三事：其一、遊隧道，內陳髑髏七百萬具，皆大革命時發掘，累代古墳羅列此間，當為世界獨一無二之壯觀，入之勝讀佛經七百萬卷也。其二、遊盧騷故居，即著《民約論》處，其閽人言亞洲人來遊者，以吾輩為嚆矢也。其三、有一七十八歲之老女優，當拿破崙第三時已負盛名者，多年不登場矣，某日為一文豪紀念，特以義務獻技，其日吾本約往參議院傍聽，臨時謝絕，改往聽之，因得一瞻西方譚叫天之顏色，實此行一段奇事也。又曾乘飛機騰空五百基羅米突，曾登最大之天文臺，窺月裡山河，土星光環，此皆足記者，至於博物館圖書館美術館等，皆匆匆一覽而已。最苦者，每詣一處，其政府皆先知照該館館長職員等，全部作官樣迎送，甚感局促也。生平不喜觀劇，弟所知也，至此乃不期而心醉，每觀一次，恒竟夕振盪不怡，而嗜之乃益篤，雖然為時日所限，往觀尚不逮十度也。

遊察戰地的同時，三月中旬，梁啟超由巴黎致電汪大燮、林長民，報告和會上關於青島問題的消息，電文登載於三月二十四日的《申報》：

交還青島，中日對德同此要求，而孰為主體，實為目下競爭之點，查自日本占據膠濟鐵路，數年以來，中國純取抗議方針，以不承認日本承繼德國權利為限。本去年九月間，德軍垂敗，政府究用何意，乃於此時對日換文訂約以自縛，此種密約，有背威爾遜十四條宗旨，可望取消，尚乞政府勿再授人口實。

不然千載一時良會，不啻為一二訂約之人所敗壞，實堪惋惜。超漫遊之身，除襄助鼓吹外，於和會實際進行，未嘗過問，惟既有所聞，不敢不告，以備當軸參考，乞轉呈大總統。

四月八日，張謇、熊希齡、范源濂、林長民、王寵惠、莊蘊寬等人發起的國民外交協會，致電梁啟超，請他為該會代表，主持向巴黎和會請願各事：

任公先生大鑒：

為國宣勤，跋涉萬里，海天相望，引企為勞。此次巴黎和會，為正義人道昌明之會，尤吾國生存發展之機，我公鼓吹輿論，扶助實多，凡我國人，同深傾慕。本會同人本國民自衛之微忱，為外交當軸之後盾，曾擬請願七款，電達各專使及巴黎和會，請先提出，並推我公為本（會）代表，諒邀鑒及。現已繕具正式請願文，呈遞本國國會政府巴黎各專使，並分致美、英、法、意各國政府及巴黎和會，盡國民一分之職責，謀國家涓埃之補救。茲特奉上中、英文請願文各一份，務懇鼎力主持，俾達目的，則我四萬萬同胞受賜於先生者，實無涯既矣。臨穎不勝企禱之至，專此敬頌

勳綏。

自四月十二日起，巴黎和會正式討論中國山東青島問題。四月二十九日，英、美、法三國會議，日本代表應邀出席。三十日，續開三國會議，議定了巴黎和約關於山東問題的第一五六、第一五七、第一五八條款，列強為自國利益，沆瀣一氣，公然做出將德國在山東的一切權益讓給日本的決定。

緊急關頭，梁啟超致電汪大燮、林長民並轉告國民外交協會，強調和會決定對中國極不公平，並請警告政府及國民嚴責全權代表，不要在和約上簽字。梁啟超的電文，後來登載於五月四日的《申報》上：

汪、林兩總長轉外交協會：

對德國事，聞將以青島直接交還，因日使力爭，結果英、法為所動，吾若認此，不啻加繩自縛，請警告政府及國民嚴責各全權（代表），萬勿署名，以示決心。

林長民於四月三十日接到梁啟超電報，反覆考慮梁啟超之向政府施壓、發動國民誓做巴黎和會上中國代表後盾的建議，決定從輿論著手。五月一日，林長民寫成檄文〈外交警報敬告國民〉，登載在五月二日的《晨報》頭版頭條。

膠州亡矣！山東亡矣！國不國矣！此噩耗前兩日僕即聞之，今得梁任公電乃證實矣！聞前次四國會議時，本已決定德人在遠東所得權益，交由五國交還我國，不知如何形勢遽變。更聞日本力爭之理由無他，但執一九一五年之「二十一條條約」，及一九一八年之膠濟換文，及諸鐵路草約為口實。嗚呼！「二十一條條約」，出於脅逼；膠濟換文，以該約確定為前提，不得徑為應屬日本之據。濟順高徐條約，僅屬草約，正式合同並未成立。此皆國民所不能承認者也。國亡無日，願合四萬萬民眾誓死圖之！

同日的《晨報》，還登載了國民外交協會五月一日發給巴黎和會英、法、美諸國代表和中國專使的電文。國民外交協會按照梁啟超的建議，嚴正警告中國專使：「和平條約中若承認此種要求，諸公切勿簽字。否則喪失國權之責，全負諸公之身，而諸公當受無數之譴責矣……諸公為國家計，並為己身計，幸勿輕視吾等屢發之警告也。」

第二天，五月三日，已是新文化運動高地的北京大學便貼出了北京十三所高校學生代表召集緊急會議的通知。當晚，在集會上，為反對巴黎和會將山東青島權益讓給日本，反對政府在巴黎和會上態度軟弱，各校代表決定於五月四日舉行遊行示威。

國人憤怒，抗議之火燃遍全國。此時，在歐洲如法國的華僑，也態度鮮明地組織了「和平促進會」，反對巴黎和會無端將中國領土轉讓給日本，反對中國代表在和約上簽字。

面臨國民的抗議，輿論的壓力，作為參加巴黎和會之全權代表之顧維鈞、王正廷等人，也憤然站出來反對簽字。首席代表是外交部長陸徵祥，雖然接到了北洋政府令他簽字的電令，但面對顧維鈞、王正廷兩人的反對態度以及外面沸騰的輿論指責，還是不敢冒天下之大不韙去簽字。

總統府外交委員會事務員葉景莘，在〈巴黎和會期間我國拒簽和約運動見聞〉一文中說：

五月一日，陸徵祥來電稱如不簽和約，則對撤廢領事裁判權、取消庚子賠款、關稅自主及賠償損失等，將來中德直接交涉，是否較有把握，亦是問題。他怕將來與戰敗的德國直接交涉失敗，因而就主張簽字，對日本屈服，這實在是太可笑了。外交委員會緊急會議決定不簽約，由汪、林將致專使拒簽電稿親呈徐世昌，徐令國務院拍發。但二日國務院又密電專使簽約，院裡電報處一個林長民的同鄉當晚潛去報告他。三日凌晨，汪、林到會，汪命即刻結束會務，並自草自繕辭呈送徐處而去。我將檔案整理了，親自送交外交部條約司長錢泰接收。林密電梁啟超並請他通知巴黎中國留學生，他另又通知國民外交協會囑發電反對。我回會收拾雜務後，打了一個英文電與上海復旦公學李登輝校長，說「政府主簽，我們在此已盡其所能反對，請上海回應」，這個電的署名是隨便寫了三個英文字母。這個電文曾經登在英文大陸報面頁第二行一個方格裡，日期不記得了。傍晚我到汪處報告，汪問還有什麼辦法可想，我說：「北大學生本要遊行，何不去告蔡先生。」汪即坐馬車從東單二條東口趕到東堂子胡同西口蔡宅。蔡即電召北大學生代表於當晚九點在他家會議。北大學生原定於五月七日（一九一五年日本發出關於二十一條要求的最後通牒之國恥紀念日）遊行，於是決議將日期提早三日，因而「五四」運動就變為五四運動了。

此文為五四運動的發起及過程提供了證詞。

應該說，一九一九年的中國依然是獨裁者橫行，是新文化運動和梁啟超、林長民等愛國知識分子，合乎邏輯地催生了五四運動。他們以啟蒙者和革命家的膽魄，開啟了新時代的閘門，促進了這場規模宏大的民族覺醒的愛國運動。

初夏來臨，六月六日，梁啟超一行人離開巴黎，前往倫敦。在英國居留一月有餘，一行人遊覽了愛丁堡，參觀了牛津、劍橋兩所大學，拜訪了莎士比亞故居等。梁啟超感覺，遊覽英國和法國有所不同，各有一番興味。英國政府招待殷勤，不亞於講究儀式感的法國。英國政府派出一人始終跟隨，此人名叫甘頗羅，歷任穗、津、滬等總領事，後為駐華使館參贊。他精通漢語，待人也熱情，帶領一行人參觀了英國海軍，赴蘇格蘭大理院長宴會，參加滙豐銀行宴會和中英協會歡迎會等。

其間，梁啟超發表了〈中國國民特性〉、〈中國關稅問題〉等演講。後來，他又在英國文學會歡迎會上做了題為「中國之文藝復興」的演講，活動之頻繁，真可謂席不暇暖。

七月十二日，梁啟超一行人返回巴黎，參觀了法國國慶和凱旋典禮。之後，他們遊覽了比利時，參加該國外交部宴會，覲見了比國國王。再之後，便是遊覽荷蘭海牙，赴瑞士，登瑞吉山絕頂觀日出。

> 九月五日晨五時披衣起觀日出，彩霞層疊，變化無朕，少焉一線金光，生於雲頭，若滾邊然，次則大金輪捧出矣。倒射諸雪峰，雪尖紺紅，其下深碧，白雲滿湖，徐徐而散，壯觀又與海上別也。（民國八年九月五日〈與周夫人片〉）

初秋時節，九月十一日，梁啟超一行人又由瑞士前往義大利，到羅馬看鬥獸場遺跡，去拿波里看維蘇威火山，赴威尼斯欣賞被譽為天國的水城。

梁啟超一行人十月七日返回巴黎，又居留兩月餘，至十二月十日始再由巴黎出發遊歷德國。

從梁啟超給長女梁思順的信件中，可以得知他尚利用餘暇苦修兩種「功課」。

> 吾自十月十一日迄今，未嘗一度上巴黎，且決意三個月不往，將此地作一深山道院，吾現在惟有兩種功課，日間學英文，夜間作遊記，英文已大略能讀書讀報了。吾用功真極刻苦，因此同行諸君益感學問興味。百里、君勱皆學法文，振飛學德文，迭為師弟，極可笑也。最可笑者，吾將來之英文，不能講，不能聽，不能寫，惟能讀耳。向來無此學法，然我用我法，已自成功矣。吾日記材料，由百里、君勱、振飛三人分任搜集，吾乃取裁之，現方著手耳。此亦非同居不可，在此多住數月，亦為此也。丁在君早已先歸，劉子楷日內隨陸子欣歸，鼎甫留英，吾四人明年二月遊德、奧、波蘭，四月歸。此信可抄寄家中，吾本欲別作書，今已倦極了，一闔又不知闔到何時也。

在信中，梁啟超還進行自我批評：「吾現在又晏睡晏起，二十年惡習全然規復了，百里大不以我過於勤苦為然，常謂令嫻在此，必能干涉我先生。」（民國八年十一月五日〈與嫻兒書〉）

梁啟超還說：「人生在世，常要思報社會之恩，因自己地位做得一分是一分，便人人都有事可做了。」（民國八年十二月二日〈與嫻兒書〉）這不只是在說教，還是現身說法，教育子女。

梁啟超原打算在歐洲再住三個月，「吾在此作遊記，已成六七萬言，本擬再住三月，全書可以脫稿」（民國八年十二月二日〈與嫻兒書〉），但是徐新六接到家裡來電，其夫人病重，其實已經病了很久，但因為顧及梁啟超，一直沒有言明，徐新六歸思甚切。又考慮徐新六精通法語，如果他先行回國，大家諸多不便，經商議決定一起回國。這樣能在庚申（一九二〇）陰曆正月底趕回家裡。

十二月十二日，梁啟超早晨六時自哥龍出發，晚上九時到達柏林，途中十五個小時，沒有飯店和商店開業，每人只有一片餅乾充饑。沒幾天，柏林全城飯館罷工，旅館也不再供應食品，梁啟超一行人吃盡饑餓問題的苦頭。戰敗國德國的況味，略見一斑。由此可見，梁啟超一行旅歐，絕非為遊山玩水，而為考察戰爭給人類帶來的災難。梁啟超透過自身所見所聞，告訴世界戰爭的真相，讓世人懂得和平的珍貴。請看梁啟超見證的戰敗後柏林的情形：

十二晨六時發哥龍，晚九時抵柏林，此十五小時中僅以餅乾一片充饑，蓋既無飯車，沿途飲食店亦閉歇也。戰敗國況味，略嘗一臠矣。霜雪載途，益增淒黯。（民國八年十二月十三日〈與周夫人片〉）

柏林旅館極擁擠，初到之夕草草得一榻，翌日而遷，今所居極安適，日租五十馬克，可稱奇昂，然合中國銀只得一元耳。全歐破產，於茲益信，德政府亦派員招待頗殷勤，在此擬作半月勾留。（民國八年十二月十四日〈與周夫人片〉）

昨今兩日，柏林全市飯館罷業，旅館亦不設食，吃飯問題鬧得狼狽萬狀，聞鐵路又將罷工，果爾吾儕將困餓此間矣。連日德國各界名士多已晤。（民國八年十二月十九日〈與仲策片〉）

是時，梁啟超因求學太銳，思慮太深，常患失眠，「每間日輒終夜不能合眼，晨起便須應酬遊覽，覺疲憊極矣」（民國八年十二月二十四日由柏林〈與思順片〉）。再加上交通不便，本來梁啟超還有遊維也納和波蘭的計畫，都因此作罷。

梁啟超一行游歐，原抱有極大的目的和計畫。特別是梁啟超，在歐遊期中，隨時隨地記錄其經歷、觀察和感想。他住在巴黎的時候，曾整理出一部分，但回國後因百事待理，無暇顧及，全書並未完成。只存《歐遊中之一般觀察及一般感想》上篇之〈大戰前後之歐洲〉，以及下篇之〈中國人之自覺〉、〈歐行途中〉、〈倫敦初旅〉、〈巴黎和會鳥瞰〉、〈西歐戰場形勢及戰局概觀〉等文。

第六章

遠政治辦公學學社，著述豐邀羅素講學

庚申（一九二〇），梁啟超四十八歲。

一月九日，梁啟超由德國返回巴黎，住了八日，又赴馬賽。

一月二十二日，梁啟超由馬賽乘法國郵船歸國，於三月五日抵達上海。

梁啟超此後決定放棄上層的政治活動，全力從事培植國民實際基礎的教育事業，準備完成旅歐時商定的計畫：組織共學社，承辦中國公學，成立講學社，整頓《解放與改造》雜誌，發起中國比利時貿易公司和國民動議制憲運動等。著有《墨經校釋》和《清代學術概論》兩書。

是年一月二十二日，梁啟超一行人，從馬賽乘坐法國郵船歸國，於三月五日抵達上海。一踏上中國的土地，在上海的黃浦碼頭，梁啟超就發表了關於山東外交問題的談話。三月七日的《時事新報》登載：

（記者詢對於外交方面之意見，梁先生曰：）予初履國土，即聞直接交涉之呼聲，不勝駭異。夫既拒簽於前，當然不能直接交涉於後，吾輩在巴黎時對於不簽字一層亦略盡力，且對於有條件簽字說亦復反對，乃有不簽字之結果。今果直接交涉，不但前功盡失，並且前後矛盾，自喪信用，國際人格從此一隳千丈，不能再與他國為正義之要求矣。其間最足感人聽聞者，為英法感情說，以為提出聯盟必大傷英法感情，此說實不值一笑。殊不知和會與聯盟完全不同，和會代表各國，聯盟則為國際之一共同機關。和會猶如省議會聯合會，而聯盟則參議院也。雖同由省議會選出，其性質不同。聯盟既為超然之一機關，當然不能以一二國之感情為本位。且訴諸聯盟與退交和會不同，當然不傷英法感情。雖訴諸聯盟，得勝與否，仍在未可知之數。然吾輩固以此問題引全世界人之注意，將來必有好影響。天下惡事必與祕密相伴，愈公開則正義愈明。一國之政治能公開於全國人，一國之外交能公開於全世界，則流弊自然減少而至於無也。

（記者又叩先生歸後對於社會從何方面盡力，梁先生曰：）去國一年餘，對於國內情形頗不明了，惟對於此種狀態亦不願加以考究。決定對於現實的方面（尤以政治方面為最），皆一概絕緣；而對於各方面的黑暗，則由個人良心為猛烈的攻擊。暫時如此，以後研究有得，再擬定建設方針，供國人之採擇。

梁啟超甫回國，情況不明，發表談話甚為謹慎。

梁啟超到上海後，應上海吳淞中國公學之邀，於三月十三日到該校做了一次演講。在這次演講中，梁啟超對於此遊歐所得和中國政治社會經濟各問題發表了感想。

梁啟超在上海住了十餘日，之後乘坐火車到了北京，謁見大總統徐世昌，報告歐遊情況，還對各方友人發表了關於山東問題的意見。

再有就是致信徐菊人，請釋放去年因五四運動被捕的學生。

梁啟超是三月二十四日晚上乘火車回到天津寓所的。此後的日子裡，他辦了許多大事：發起中國比利時貿易公司，承辦中國公學，組織共學社，發起講學社，整頓《改造雜誌》，發起國民動議制憲運動等。這些事，都是梁啟超一行在旅歐時商量策劃的，對梁啟超來講，這是落實了自己退出政壇，致力於做學問、興教育的承諾。

四月張元濟（字筱齋，號菊生）改任商務印書館監理，致力於出版業務。

四月十日，張元濟致信梁啟超，請速決定譯輯新書計畫。

四月十七日，蔣百里致信梁啟超，商量共學社的事。梁啟超回蔣百里一信，商量為共學社募集基金等事情。

四月二十三日，徐新六致信梁啟超，報告中比公司的招股情況，幾天後再致信梁啟超，報告中比公司增股之事。

五月三日，張元濟致信梁啟超，商量聘請柏格森來華講演，以及共學社編譯墊款辦法。

五月五日，進步青年吳統續致信梁啟超，報告共學社評議會開會情況。

五月十二日，梁啟超致信梁善濟（字伯強）和籍忠寅（字亮儕）諸人，商籌共學社以外事業費，從此信中可以讀到該社的宗旨，可知共學社除了編譯書籍，還準備籌辦雜誌，補助同人留學和獎勵名著等，以擴大影響。

> 培養新人才，宣傳新文化，開拓新政治，既為吾輩今後所公共祈向，現在即當實行首手，頃同人所立共學社即為此種事業之基礎。社中主要業務，在編譯各書，已與商務印書館定有契約，經費略敷周轉，惟此外有需特別費者數事：
>
> 一、雜誌出版須另籌編輯費；
>
> 二、添置書籍費；
>
> 三、補助同人留學費；
>
> 四、獎勵名著特別懸賞費。
>
> 以上四項最少須籌兩萬金內外，啟超所著《歐遊心影錄》擬自行出版，將所入撥充此

費，或可得數千元，惟不敷仍巨，且非目前即能到手，合擬求同人合襄斯舉，謹略陳本末，乞公商力贊。

敬上伯強兄、亮儕兄、溯初兄、搏沙兄、現洋三千元。石青兄、壬三兄、兩千乃至三千元。海門兄、季常（蹇念益，號季常）兄、志先兄、構甫兄、姑任一千元。文藪兄、姑任一千元。希陶兄、印昆兄、公權兄。

五月十四日，張君勱的弟弟張嘉璈（字公權）致信梁啟超，報告中比公司的招股情況。

> 接奉手示，並由伯強處送來畫卷畫冊各一通，均以收到，已告幼偉兄遵照原價五百元讓購，款稍緩匯奉。子衛先生事，現河南分合之議尚未定奪，將來必妥為設法。頃得厚生電，南通已允擔任百八十萬兩，囑即電北京，尚缺七十萬兩，即由此間湊集。乾若方面據聞擬加入三十萬元，大致此事可望有成，擬請振飛早日赴比訂約，稍緩當來津趨教。

五月十四日，國會眾議院議員王敬芳（字搏沙）致信梁啟超，講到中國公學的事情：「中國公學者，諸友人精神之所寄者也，倘公學前途得借先生之力擴而大之，諸友在天之靈，其歡欣感佩可想也。」

五月十五日，張東蓀致信梁啟超，商量《解放與改造》雜誌改名（後改名《改造》）與編譯新書：「雜誌事總俟百里來後細商再定，蓋改名稱與改體裁，均有問題，非慎重出之不可。編書事宜早登報，中華書局所出之《新文化叢書》，頗有好稿，皆登報招徠之功也。宜譯之書目，明日開上，不妨先囑振飛、志先一開，先生事繁，宜另覓一人專辦關於編書之事務，恐品今能力殊嫌薄弱耳。」

五月二十八日，劉垣致信梁啟超，報告中比公司的認股情況：「中比事南北認股均極足恃，不日將在南通開華股創辦人談話會，振飛已去，公權亦擬與會，公能撥冗一行否？垣擬下星期去津，順道奉謁。」

六月十二日，張元濟致信梁啟超，講中比公司與共學社的事情：

> 奉前月二十三日手教，展誦祇悉。百里來，適弟有揚州之行，迄未得晤，振飛則僅匆匆一面，彼此均甚忙故也。中比公司事，吾兄既不列名，且已有人完全擔任，弟與彼輩除季直外，均不相熟，加入云云，應作罷論。振飛北旋，想能代達。共學社契約已定，已撥付五千元，夢旦當有信奉告，甚盼有好書來，一慰世人渴望新知之願。委印《歐遊心影錄》已有估價單寄去，何時脫稿，企念之至。

六月二十八日，蔣百里致信梁啟超，商量雜誌和派遣留學各事。四天後再次致信梁啟超，商量第一期雜誌擬用新文化運動問題：

手書奉悉。昨已與振飛、叔衡、志先等商，至第一期研究問題，擬仍用文化運動，其原因有三：一、前已提過，恐社員已有準備文字者。二、新文化問題雖空泛，然震以為確有幾種好處，現在批評精神根於自覺，吾輩對於文化運動本身可批評，是一種自覺的反省，正是標明吾輩旗幟，是向深刻一方面走的文字上用誘導語氣亦不致招人議論。三、廢兵運動目下提出，社員中定多空論，擬俟震先將廢兵運動之幾種先決條件發布後，先引起人家注目，然後提出，較為切實。熊君來已見過，江西之行甚好，震自身擬視先生入京後再行決定。《文藝復興》已成一半，搜集材料甚苦，近得德文書數種，大有助，先生處有日文《佛蘭西文學史》玄黃社發行者已有懇檢數種寄下。

從此信中可知梁啟超及同人對新文化運動的態度是積極的。

從梁啟超七月二十日給長女梁思順的信中，我們可以瞭解當時社會的動亂情形，以及梁啟超為中國公學捐募基金，並擬草憲法意見書等事：

不寄書已兩月餘，想汝等極觖望矣。吾日常起居，計思成等當詳相告。頃國內私斗方酣，津尚安堵，惟都中已等圍城，糧食斷絕，兵變屢發，五日來火車、電報、電話皆不通，無從得都中消息。汝二叔全眷未移，至可懸念，然不出三日，諸事亦當解決矣。吾一切不問，安心讀書著書，殊暢適。惟日來避難來津者多，人事稍繁雜耳。茲有寄林振宗一信，並中國公學紀念印刷品兩冊，胡適之即在本公學出身者，同學錄中有名。可交去並極力鼓其熱心，若彼能捐五十萬，則我向別方面籌捐更易，吾將以此為終身事業，必能大有造於中國。彼若捐鉅款，自必請彼加入董事，自無待言，此外當更用種種方法為之表彰名譽，且令將來學生永永念彼也。汝前信言彼欲回國辦礦，若果有此意，吾能與以種種利便。前隨我游歐之丁文江任地質調查所所長多年，中國何處有佳礦，應如何辦法，情形極熟，但吾輩既無資本，只得秘之，以俟將來耳。又有摯友劉厚生，張季直手下第一健將，曾任農商次長，近三四年與我關係極深，汝或未知其人。注意礦事十年，規模宏遠，渠辦紡績業獲利數百萬，盡投之以探礦，彼誓以將來之鋼鐵大王自命，所探得鐵礦極多，惜多在安徽境內，倪嗣沖尚在，不敢開辦耳。現正擬籌極大資本辦鐵廠，林君欲獨立辦礦，或與國內有志者合辦，吾皆能為介紹也。可將此意告之，日來直派軍人頻來要約共事，吾已一概謝絕，惟吳佩孚（字子玉）欲吾為草憲法，上意見書，吾為大局計，亦將有所發表耳。本定本月南下，往江西講演，現因道梗，一切中止矣。汝姑丈新得一子，汝已知否。

梁啟超在亂世中躲進飲冰室，不參與政治活動，選擇教書育人，著書立說，其實，他一生都在政治中沉浮，根本不可能遠離政治。直隸派來請他共事，他斷然「謝絕」，但吳佩孚欲請他「草憲法，上意見書」，他卻有「吾為大局計，亦將有所發表耳」。不參與政治是假，對政治有所為又有所不為，才是他對政治的真實態度。

梁啟超多次聲稱要離開政壇和官場，但從未認真信守此言。特別是五四運動之後，歲月無多，他關心國家命運，「政治興味」反而格外強烈。作為政治家，他實現社會改革，最終建立中國資產階級民主政治的理想，一直沒有放棄過，只不過他反對「過激」的革命。

張東蓀辦《解放與改造》雜誌之時，力邀梁啟超主持。一日，梁啟超在雜亂的編輯部發現了一份傳單，名曰「北京市民宣言」。張東蓀告訴他，此乃五四風潮時陳獨秀所寫。梁啟超自然知道，《新青年》創刊於一九一五年，他一直關注此刊，也知道陳獨秀、李大釗、胡適等人都是會做文章的。到了一九二〇年，各種思想、各種主義充斥社會，最引年輕人關注的，是馬克思主義思潮和社會主主義學識。梁啟超深感自己那套民主政治理想，無可奈何地落伍了。

梁啟超接受吳佩孚相邀後，七月二十四日便有具體行動，致信梁善濟、籍忠寅、黃溯初、藍公武（原名慶章，字志先），談及《時事新報》發電和發起國民制憲同志會的事情：

溯兄：

示悉。此間托壬三覓人發電，本僅以一月為限，但其人我並未與直接，壬三似亦未直接。頃得十八、十九《時事新報》，似尚未見其電。報中所載津電，率皆弟所自發，幸彥深寄來發電證，弟持此別發，否則此要緊關頭，滬竟無專電矣，現事已了，更無托人之必要矣。振飛在此淹滯數日，今晨返京，弟以為宜乘今時發起一國民制憲同志會，各情由振飛面詳，若諸公謂然，請商進行次第。車通後，祥（強）、亮兩兄能一來商，尤妙。

蔣百里在七月三十日致梁啟超的信中說：「國民制憲的文章，大可發表（但不可作雜誌稿，一以出版太遲無濟於事，一以第一期雜誌問題品類太多，則閱者腦筋易亂）……」黃溯初在七月三十一日致梁啟超的信中繼續討論制憲問題。

但是，後來國民動議制憲運動大概沒有成為事實，徒讓梁啟超費心思和時間。

七月三十日，梁啟超致信梁善濟和黃群，商量聘羅素來中國講學的事情：

兩月前摶沙偕傅佩青（傅銅，字佩青）來津，曾議聘英國哲學家羅素來演講，當時即發電往羅氏，復電十月間可到，其費用摶、石兩兄擬擔任大部分，頃函商聘請人用何名義，弟復書謂用中國公學名最好，或加入新學、尚志兩會亦可，此為同人共同提倡之事，經費能稍分擔更好。今將佩青兩書呈鑒，請就近與摶、石兩兄及翊雲、宰平一接洽。

八月八日，徐新六致信梁啟超，商量羅素來華講學的事情：「聞羅素氏已約定來華，六意大學一部分人必邀其幫忙，不特在京有益，即羅氏往各省講演時，亦可借得其地教育界人之招呼也。」同日，傅佩青致信梁啟超，也是商量有關羅素來華講學的事情：「一、聘請者之人數或團體數，多多益善，此亦一種國民外交也……二、宜急登報，招譯羅素叢書。」

九月五日，梁啟超致信張東蓀，商量籌辦「組織一永久團體，名為講學社，定每年聘名哲一人來華講演」，說「羅素所乘之船，改期十月十二乃到滬」。

十月四日，梁啟超再次致信張東蓀，商量迎接羅素的事情。當時羅素已經在來華的途中，梁啟超正在寫作《清代學術概論》一書。

> 本擬南下迎羅素，頃方為一文，題為〈前清一代中國思想界之蛻變〉為《改造》作，然已裒然成一書矣，約五六萬言。頗得意，今方得半，尚有一文債未了，則張三先生壽文也，連作帶寫非三四日之功不可。一出遊又恐中輟，決作罷矣。其實對羅氏亦不必行親迎禮也。頃促百里代行，惟趙君處最好能由南中要求彼往迎，能由公及黃任之、陳仲甫、沈信卿聯名致一電與趙及金清華校長最妙，望速辦。或約人費時日，則用上海學界同人名義發電亦可。

羅素來華終於成行。十一月十日，講學社借美術學校歡迎羅素，到會者百餘人。梁啟超代表講學社致歡迎詞，隨即說明講學社之宗旨及羅素來華之要求。

《清代學術概論》脫稿後，十月十八日，梁啟超致信胡適，說：

公前責以宜為今文學運動之記述，歸即囑稿，通論清代學術，正宜〔擬〕鈔一副本，專乞公評騭。得百里書，知公已見矣。關於此問題資料，公所知當比我尤多，見解亦必多獨到處，極欲得公一長函為之批評亦以此要求百里，既以裨益我，且使讀者增一層興味，若公病體未平復，則不敢請，倘可以從事筆墨，望弗吝教。超對於白話詩問題，稍有意見，頃正作一文，二三日內可成，亦欲與公上下其議論。對於公之《哲學史綱》，欲批評者甚多，稍閒當鼓勇致公一長函，但恐又似此文下筆不能自休耳。

此年冬，梁啟超應清華學校之邀，開設課外講演「國學小史」，講稿整理成書《墨經校釋》，並於次年四月成書《墨子學案》。一九二四年四月二十三日，梁啟超在摯友夏曾佑逝世六日後，寫下〈亡友夏穗卿先生〉一文：

穗卿為什麼自名為別士呢？「別士」這句話出於墨子，是和「兼士」對稱的。墨子主張兼愛，常說「兼以易別」，所以墨家叫作「兼士」，非墨家便叫作「別士」。我是心醉墨學的人，所以自己號稱「任公」，又自命為「兼士」。穗卿說：「我卻不能做摩頂放踵利天下的人，只好聽你們墨家排擠罷。」因此自號「別士」。

此外，在中國古代哲學方面，梁啟超寫有〈老子哲學〉、〈孔子〉和〈老孔墨以後學派概觀〉三篇文章。梁啟超還有寫作《中國佛教史》的計畫，所以這類文章寫有十二篇，如〈印度史跡與佛教之關係〉、〈佛教之初輸入〉、〈千五百年前之中國留學生〉等。其他文章著述了也多，如〈國民自衛之第一義〉、〈主張國民動議制憲之理由〉、〈軍閥私鬥與國民自衛〉等。

梁啟超居住在天津義租界，外面紛紛擾擾的亂象，被阻隔在外。梁啟超便有了渴望半生的遠離政治、專心著述的環境，他要寫的學術性著作，汩汩流淌於筆端，在學術界掀起不小的波瀾……。

在政治方面，梁啟超頗不服老。《解放與改造》雜誌自一九二〇年九月起更名為《改造》，梁啟超撰寫了發刊詞，其中有以下主張：經濟上樹立「生產事業不發達，國無以自存」的觀念，發展資本主義；思想文化上則致力於反對大一統主義，吸收世界「所注重之學說」，融合中西；廢兵，即廢除常備的國防軍，兵民合一；推行教育普及，並視為「一切民治之根本」。梁啟超的這些主張，反映了他要建立一個資產階級民主體制的理想。

一九二一年五月《新青年》第九卷第一號上，發表了李達的〈討論社會主義並質梁任公〉一文，其中談到，當年《改造》「雜誌二月號特辟社會主義研究專欄，一時知名之士如梁任公、藍公武、蔣百里、彭一湖、藍公彥、費覺天、張東蓀一班人，均有長篇文字，表明對於社會主義的態度」，他就梁啟超的觀點進行討論，批評了梁啟超認為中國應該走資本主義道路的觀點：

就中國說，資本主義正在萌芽時代，人民因產業革命所蒙的苦痛尚淺，若能急於此時實行社會主義，還可以根本地救治；若果要製造了資本主義再行社會政策，無論其道遷不可言，即故意把巧言飾詞來陷四百兆無知同胞於水火之中而再提倡不徹底的溫情主義，使延長其痛苦之期間，又豈是富同情者所忍為？資本主義是社會的病，社會主義是社會健康的標準，社會主義運動是治病而復於健康的藥。只要問中國現在的社會病不病，什麼病便下什麼藥。一定要把中國現在的病症移做資本主義的病症而後照西洋的原方用藥，這種醫生是不是庸醫？

李達認為，「國家是受資本家維持的，紳士式的智識階級是受資本家豢養的」，而「梁任公既然主張用資本主義開發本國產業，而資本制度發生的惡果，當然要循外國資本制度的舊徑，發出無窮的弊害。要想補救此種弊害，只有採矯正態度與疏泄態度」，因此，實際上是對資本家有利的，是為資產階級利益服務的。

事實上，梁啟超早期從未聲言反對社會主義，只在宣傳自己循序漸進的政治主張。到了社會上開始爭論馬克思主義及階級鬥爭學說時，梁啟超才表現出反對的態度。梁啟超提出了在當時社會傳播甚廣的兩個詞，一是「有槍階級」，另一是「無槍階級」。

梁啟超的政治主張，是一貫堅持改良主義更適合中國國情，認為中國社會的基本矛盾是「無槍階級」的人民大眾與「有槍階級」的軍閥之間的矛盾。這種矛盾導致了內戰、內亂、殺人、流血，百姓將陷入水深火熱的劫難之中。他曾在一九二五年十月二十三日回信劉勉己，表達過自己的看法：

我不懂得什麼人類最大幸福，我也沒有什麼國家百年計畫，我只是就中國「當時此地」著想，求現在活著的中國人不至餓死，因此提出極庸腐的主張是：「在保護關稅政策之下采勞資調節的精神獎勵國產。」不妨害這種主張的——無論中國人外國人我都認為友，妨害的我都認為敵。

第七章

湘鄂戰起調解其間，京津演講辦學不順

辛酉（一九二一），梁啟超四十九歲。

一月，梁啟超初致書慰問海外昔日憲政會同志。

四月，湖南宣布省自治，廣東舊國會選舉孫中山為非常大總統。

春夏間，張東蓀等人接辦中國公學遇阻。

八月，湘鄂戰事起，梁啟超勸停止戰事，數次代人捉刀，並親致信吳佩孚，召集國是會議。

秋季，梁啟超應天津南開大學之聘，主講「中國歷史研究法」。

十一月，太平洋會議召開。

十一、二月間，中國公學第二次發生風潮。

〈墨子學案〉、〈中國歷史研究法〉兩部講稿是年結集成書。

一月十九日，梁啟超回覆張東蓀論社會主義運動一封長信，可見他對於當時新興的社會主義思潮之態度和主張：

我兩年來，對此問題，始終在彷徨苦悶之中，殊未能發現出一心安理得之途徑，以自從事。所謂苦悶者，非對於主義本身之何去何從尚有所疑問也，正以確信此主義必須進行，而在進行之途中，必經過一種事實——其事實之性質，一面為本主義之敵，一面又為本主義之友，吾輩應付此種事實之態度，友視耶，敵視耶？兩方面皆有極大之利害與之相緣。而權衡利害，避重就輕，則理論乃至紛糾而不易求其真是。吾每積思此事，腦為之炎，今勉強截斷眾流，稍定祈向，然終未敢自信也，謹以質諸執事。

吾以為中國今日之社會主義運動，有與歐美最不相同之一點焉。歐美目前最迫切之問題，在如何而能使多數之勞動者地位得以改善；中國目前最迫切之問題，在如何而能使多數之人民得以變為勞動者……

一月二十日，梁啟超突然寫了多封信慰問在海外的憲政會同志，他們接到信後，幾乎都有覆信。

四月二十八日，在澳大利亞悉尼的葉炳南回信梁啟超：

卓如會長惠鑒：

昨接付來憲政黨要，已照拜悉，惜近來熱心同志多已歸國，加以本黨甚進步，故人心頗不如前，此亦勢所必然矣。我公苦心為國，弟等甚為敬重，弟前數年歸國，在港經與令弟相會，即我公在省遇變事聞到港一二天，當時弟甚欲求教，奈未知所居何處，未能如意矣。弟已回雪梨（悉尼）四年矣，國事如此甚為痛心，然我粵尤不堪言，未知將來如何結局也。至此處另有公函奉覆，恕不多贅，特此奉達。

再看七月三十日加拿大憲政黨總支部廖崇照的回信，其中說：

竊以闊別日久，頃忽得書，實猶得金玉，無任感激。先生歸國以來經過之行動，所謂所期者固非如願以償，但中國至今尚能存在而未至滅亡者，竊以為借先生之扶植有以致之。故對於國家方面實成功不少，此亦想來史所同認而國民未必敢誣也……先生素以救國為己任，及今苟能振其洋洋大才，與世之有愛國心者共策一蕩而平之以收統一之效，而出民於水火，是為至幸，而海外同志朝夕所期望者也。

這些回信足見梁啟超在海外的影響力，他們仍然認為梁啟超是拯救中國之棟梁。但是，他們怎知梁啟超早已厭倦政治生活，正準備躲進飲冰室，兩耳不聞窗外事，專心著述

做學問呢？一介書生以文字啟蒙國民新民之說，已公允地評論梁氏，但將一國的前途系於這位書生，就更是書生之見了。

三月一日，湖南總司令趙恒惕（字夷午，號炎午）以該省憲法問題致信梁啟超，並派人到天津請教梁啟超。當時中國內聯省自治之說甚為流行，而湘地特殊，創為此說最早。信中說：

共和十載，政局屢更，南北糾紛，愈演愈劇，長此以往，生民益困，國本益傾，來日大難，念之心悸。湘承兵燹之後，犧牲至巨，創痛至深，恒愚謬掌軍鈐，愧無長策，思惟以武力戡禍亂，不如以民治奠國基，是以屢集全省軍民長官協議，決定以全省自治為全國率先，庶冀於聯省自治得早日實現。數月以來，籌備進行略有端緒，現方延聘省內外邃深法學之士，從事起草，計日觀成，歷經電聞，想邀洞鑒。伏惟我公政學瀾海，國家楨幹，流風所被，中外具瞻，必有擘畫鴻謨，堪資借鏡。

信中還說，湖南是梁啟超舊遊之地，像湘人譚嗣同、唐才常等先烈，皆是先生的好友，湘士承教於先生，「尤不勝僂指，盱衡所及」，必能洞悉湖南的風俗民情。所以，湘人真是盼望指點，如大漠之中盼甘泉。說了這些好話，趙恒惕還派了「蕭、雷兩顧問」到天津敬求指導。

當時，梁啟超正在伏案著述，春季就有《墨子學案》一書成稿。梁啟超是時除了吃飯，「未嘗離書案一步，偶欲治他事，輒為著書之念所奪，故並汝處亦未通書也」（民國十年五月十六日〈與嫻兒書〉）。

七月，湖南趙恒惕出兵，致湘鄂戰事起。八月，吳佩孚、蕭耀南等率直軍援鄂，湘鄂戰事轉為湘直戰事。「研究系」同志對這場戰爭非常關注，活動於其間，梁啟超也未袖手旁觀，捉刀寫文，並且親筆致信吳佩孚。

八月十二日，蔣百里致信梁啟超，報告時局狀況，希望聽聽他的主張。從八月十六日梁啟超致籍忠寅、蹇念益的信中，可知他對時局的態度：

> 湘軍困在岳北武南不能退不能進，而吳軍備戰，態度益急，若湘、吳間不能調協，湘隨陷絕地。百里、立誠、時若疊來書，屬吾發表文章以助空氣。竊意聯省自治等話頭，宜讓彼輩提出，吾輩何必占先，細思仍惟有致吳君一法較妥。今擬一稿請察閱。時局既如此緊迫，吾個人是否應默默一無表示，其實亦無妨，蓋看定此次不會有好結果也。如此類文是否能有益於事，實殊不敢知，若云造空氣，究有用否？請兩公一鑒定，如謂無所取材，則閣置之可耳。
>
> 數日前曾代湘軍作一宣言，頗簡要得體，伯唐、幼山曾見。
>
> 又曾代黃陂等聯名作致吳、蕭、趙等書。

其後，梁啟超有多封信致同人，商量解決戰事辦法。八月下旬，岳州（今湖南岳陽）之役，吳佩孚親自率兵乘兵輪攻打岳州，趙恒惕軍敗退長沙。九月，經英國領事出面干預，吳佩孚與趙恒惕在岳州談判，湘鄂戰事告終。吳佩孚還通電提議在廬山召開國是會議，解決南北紛爭。

梁啟超致信張一麐，信中說自感白費了心機，「原冀制止此劇戰，以謀時局之發展，岳州之役既現，希望已悉成泡影，更何發展可言。廬山會議太近滑稽，盼公更勿與聞，徒自損令譽。項城（袁世凱河南項城人）、合肥（李鴻章安徽合肥人）、河間（馮國璋直隸河間人）尚爾爾，況下彼數等者耶？吾儕經此最後之試驗，真可以對於彼輩不復一睨矣」。

其時，日本趁火打劫，繼續糾纏山東問題，時局更加混亂。九月十一日，梁啟超致外交總長顏惠慶（字駿人），說山東問題不宜直接交涉，還寫有〈對於日本提案第三條之批評〉一文表達自己的意見。

秋季，梁啟超應南開大學聘請，在校舉辦文化史講座，演講題目是「中國歷史研究法」，時間是逢星期一、三、五的下午四時到六時，後來又增加兩個小時。

十月十日之後，梁啟超應北京和天津各學校的邀請做公開講演，達到七次。第一次，十月十日應天津學界全體慶祝會邀請，做〈辛亥革命之意義與十年雙十節之樂觀〉的演講，這在全國時局混亂之時，實能鼓舞民眾。

第二次，十一月十二日應北京法政專門學校邀請，做〈無槍階級對有槍階級〉的演講，批判軍閥之亂，道出民生之苦。

第三次，十一月二十一日，寒冬已至，應南開大學邀請，做〈市民與銀行〉的演講，講亂世之下的金融，講民生之艱。

第四次，十一月二十六日應天津青年會邀請，出津門寓所往南，過萬國橋（今解放橋），不遠處就是青年會所在，做〈太平洋會議中兩種外論辟謬〉的演講，批評列國欺淩中國之種種謬論。

第五次，十二月十七日，乘火車來到北京朝陽大學經濟研究會，做〈續論市民與銀行〉的演講。

第六次，十二月二十日，應北京高等師範學校平民教育社邀請，做〈外交歟內政歟〉的演講，談亂世中國的外交乃是軍閥與列強勾結之外交。

第七次，十二月二十一日應北京哲學社邀請，做〈「知不可而為」與「為而不有」主義〉的演講，談哲學與世事的關係。

上述七講，皆十分精彩，後於次年二月結集出版，是為《梁任公先生最近講演集》。

原本，春夏間，張東蓀等人接辦中國公學，因鬧學潮而辦學受阻，不久事件平息。十一月間，該校再度發生學潮，後來也平息了，但是辦學方針受了影響。

十一月十九日，梁啟超致蔣百里、張東蓀和舒新城（原名玉山，學名維周，字心怡），認為學校「最多再鬧風潮一兩次，愈鬧一次則阻力愈減一分，在吾輩持之以毅而已」，並且鼓勵他們繼續辦下去，「鄙意謂但使勉強可以辦得下去，則此校斷不宜捨棄」，「天下豈有無風波之地耶？若公學萬不能共事，只有自謀小基礎之一法，然須稍寬假以時日，恐非明年暑假後不能成立也」。

不久，舒新城回信梁啟超，報告解決中國公學風潮情況，以及今後努力教育事業的計畫。十二月，再次致信梁啟超，報告中國公學今後發展教育之計畫。

年底，梁啟超再度致信蔣百里、張東蓀和舒新城，談及中國公學辦學以及發展他校的事情：

> 入京住西郊數日，殊得佳趣，中間一晤新聞大王，談頗洽。昨日返津，連得公及新城各兩書東蓀書皆不署日子以後勿爾，知公學事可望解決，甚慰。現在進行到何地步，仍請見示，頃復有數事相告或相商者。
>
> 一王受慶昨來言，美使館表示欲得彼長清華金仲蕃當然不能回校，彼詢吾意何如？彼覺奪仲蕃席為不德，且自覺齒太稚吾極賞之，且已與伯唐言，請告顏速發表，此著若辦到，則新城所謂三窟外再得一窟，而此窟作用之大乃不可思議也。要之清華、南開兩處必須收作吾輩之關中河內，吾一年來費力於此，似尚不虛，深可喜也。一林文慶新任廈門大學校長，旬日前有書至，托為物色國文、國史、地理教授三四人，吾已復書，謂若不以通閩語為條件，必能設

法應命，但吾心目中現尚無一人，請公等即預備。一東蓀來南開固極佳，公學既有辦法，自不能拋棄，且報館亦非得替人不可，故此事宜通盤籌劃。報館編輯新聞確無進步，須添聘一人如幾伊、一湖之類，惟總主筆一席實不易易，君勱既無分身術，則東蓀能脫離與否實一問題也。一南開之局，非趕緊成就之不可，然吾輩人才如此缺乏，真令人急煞。聞湖南自修大學不易成立，能否將彼中良份子分一二位來此，請百里、新城商之。一徐志摩大約公權言不能速歸，博生、為蕃、品今三人不審有能歸者否？一宗孟日內當到，伯唐意欲勸其在滬，加入商教聯合會活動，暫不必歸京，聞其弟已南下，迎其女公子先返，此事不審宗孟意雲何，在滬有活動餘地否？一百里似宜作教授生活，清華事若成則往清華，否則南開，百里於意云何？

梁啟超此信，內容極為豐富，事事皆胸有成竹，如昔日指揮軍隊，進退自如。

第八章

「研究法」風行於一時，各地講學患病金陵

壬戌（一九二二），梁啟超五十歲。

一月，梁啟超的《中國歷史研究法》由商務印書館出版。

二月，楊維新輯《梁任公先生最近講演集》出版。

二月四日，中、日雙方在華盛頓簽訂〈解決山東懸案條約〉及〈附約〉（後經五個月談判，於十二月簽訂〈山東懸案細目協定〉和〈山東懸案鐵路細目協定〉，中國贖回青島及膠濟鐵路主權）。

三月，梁啟超夫人李蕙仙赴菲律賓探望長女梁思順。

四月起，梁啟超應北京和天津各學校與團體邀請，做多次學術講演。

春季，梁啟超在清華學校講學。

五月，直奉戰爭結束，梁啟超與熊希齡等十餘人，應曹錕（字仲珊）、吳佩孚的徵詢，致電提出解決時局意見。

六月一日，民六舊國會在天津開會（六月十二日移至北京，八月一日在京正式開會）。

二日，徐世昌下野。十一日，黎元洪宣布就任大總統。

七月初，梁啟超遊濟南，在中華教育改進社做講演。

八月初旬，梁啟超赴南京，中旬至上海，末旬至南通，在中國科學社年會上做講演。

三十一日，赴武昌，在長沙做講演，後經河南返天津寓所。

十月，梁啟超《大乘起信論考證》寫成脫稿。同月，梁啟超赴南京東南大學講學。是月《梁任公近著第一輯》編成。

十一月，梁啟超在南京患心臟病，但講演未全停，至次年一月寒假課畢才返回天津。

已是知天命之年的梁啟超，在這一年，顯得有些寂寥，《二十世紀中國全紀錄》裡沒有提到他。略顯熱鬧一點的，是他在上年完成的《中國歷史研究法》由商務印書館承印出版，風行一時，給學術界，尤其是史學界帶來不小的動靜。國外學者如日本史學家桑原騭藏寫有〈讀梁啟超的中國歷史研究法〉一文，對此書頗為推重。

《中國歷史研究法》一書，突破舊史學束縛，注入了梁氏新的史學觀，全面闡述其治學主張，不僅是方法問題，還關涉史學以什麼為中心，為誰服務，即「史學革命」諸問題，總結起來，即是研究歷史的目的如下：增加人們的歷史知識，加強人們的愛國心；批判以帝王將相為中心的史學觀；提倡為民寫歷史；反對為「死人」服務，而為活人服務；要尊重客觀史實，求真求實求新；要用科學的方法搜集、鑒別、整理歷史資料等，讓人耳目一新。

二月四日，中、日雙方在華盛頓簽訂〈解決山東懸案條約〉後，政府便籌備接收魯地膠州等事宜。二月二十七日，身在天津的梁啟超，致信籍忠寅，談接收膠州的辦法：

接收膠州事體重大，約不得人，懼詒笑柄，其人須熟於日本交涉情形，而確非親日派，須老成而銳於進取，須與政府向來融洽，而社會輿論亦有信仰。鄙見斯事大約總須用委員制，惟其委員長或督辦似以汪伯老為最宜，弟本欲謁元首密陳，已告宗孟屬代達。迫於校課，頃已出城，望公專晤世湘，轉達鄙意。造膝代陳，以資採擇，幸甚。

二月，楊維新輯《梁任公先生最近講演集》出版，內容即是梁啟超於上年十月至十二月在各處的七篇講演。

三月六日，梁夫人李蕙仙渡海到達菲律賓，探望長女梁思順。當時梁思順的夫君周希哲，任職馬尼拉總領事。梁思順於三月十八日給父親的信中，將母親到菲律賓之後的情況告之：

前上一稟計已達。母親自初六日到此，不覺已及半月，極贊此間氣候，以為較北方舒適，且面色體氣均較在國內時康健，蓋海風實於人有益也。

從四月一日起，梁啟超先在北京女子高等師範學校做講演〈我對於女子高等教育希望特別注意的幾種學科〉。同月十日，又為直隸教育聯合研究會講演〈趣味教育與教育趣味〉，十五日為北京美術學校講演〈美術與科學〉，十六日為哲學社做講演〈評非宗教同盟〉，二十一日為詩學研究會講演〈情聖杜甫〉。五月至十一月，梁啟超先後在北京、天津、濟南、南京、上海、南通、蘇州等為學校和團體做學術講演達二十餘次，主題涉及教育、心理學、宗教、政治、群眾運動、文化和文化史等，內容豐富多彩。後來，這些精彩的講演皆結集出版。

例如，梁啟超的講演〈趣味教育與教育趣味〉說：

假如有人問我，你信仰的什麼主義？我便答道：我信仰的是趣味主義。有人問我，你的人生觀拿什麼做根柢？我便答道：拿趣味做根柢。我生平對於自己所做的事，總是做得津津有味，而且興會淋漓，什麼悲觀咧，厭世咧，這種字面，我所用的字典裡頭可以說完全沒有。我所做的事常常失敗——嚴格的可以說沒有一件不失敗——然而我總是一面失敗一面做，因為我不但在成功裡頭感覺趣味，就在失敗裡頭也感覺趣味。我每天除了睡覺外，沒有一分鐘一秒鐘不是積極的活動，然而我絕不覺得疲倦，而且很少生病。因為我每天的活動有趣得很，精神上的快樂，補得過物質上消耗而有餘。

又如，梁啟超的講演〈學問之趣味〉更是精妙，其中說：

我是個主張趣味主義的人，倘若用化學化分「梁啟超」這件東西，把裡頭所含一種原素名叫「趣味」的抽出來，只怕所剩下僅有個零了。我以為：凡人必常常生活於趣味之中，生活才有價值。若哭喪著臉捱過幾十年，那麼生命便成沙漠，要來何用？中國人見面最喜歡用的一句話：「近來作何消遣？」這句話我聽著便討厭。話裡的意思，好像生活得不耐煩了，幾十年日子沒有法子過，勉強找些事情來消他遣他。一個人若生活於這種狀態之下，我勸他不如早日投海。我覺得天下萬事萬物都有趣味，我只嫌二十四點鐘不能擴充到四十八點，不彀我享用。我一年到頭不肯歇息。問我忙什麼？忙的是我的趣味。我以為這便是人生最合理的生活，我常常想運動別人也學我這樣生活。

「趣味」說，對做學問者，或許有些道理，但在急劇變化的大時代面前，梁啟超一直選擇和宣導溫和、改良、不帶革命色彩的救國之道，怕與「趣味」毫不相干。

是年四月，第一次直奉戰爭爆發。四月二十九日，奉系首領張作霖下達對吳佩孚之直軍的總攻擊令。直軍十萬人，奉軍十二萬人，在長辛店、固安一帶展開激戰，奉軍失勢，被迫退到奉天。張作霖籌備東三省獨立，實行聯省自治，自任東三省保安總司令，與北京政府斷絕一切聯繫，擁兵自重。

五六月間，第一次直奉戰爭結束，梁啟超雖未參與實際行動，但自有主張。五月二十七日，《申報》載梁啟超與熊希齡、蔡元培、林長民等十餘人致曹錕、吳佩孚電，論解決時局的意見：

> 效電敬悉。諸公於軍事倥偬之際，尊重民意，謀鞏國本，啟超等曷勝欽佩。承詢各節，經約在京同人討論，僉以解決糾紛當先謀統一；謀統一當以恢復民國六年國會，完成憲法為最敏速最便利之方法。但憲法未成以前，所有統一善後各問題，應由南北各省選派代表於適中之地組織會議，協謀解決。諸公偉略碩望，舉國所仰，倘荷合力促成，民國前途實利賴之。管見當否，仍候裁奪。

梁啟超、熊希齡、汪大燮、孫寶琦、王芝祥、錢能訓、蔡元培、王寵惠、谷鍾秀、林長民、梁善濟、張耀曾等同叩。

此電一經發表，社會輿論紛紛。梁啟超心裡不平。六月七日，梁啟超致信蹇念益，論對時局發電一事：

> 昨夕電話悉。吾忽有此舉，實因吳氏勢孤數日前在津所聞抵制吳說之謀極多，欲多方面為之聲援，該電即就此立論。電系秉三處密碼，彼方亦未必宣布也。熱心太過，甘受同人責備，然事已過去，只得聽之，且亦無大妨礙也。吾所主張自信為最良法，雖未必能行，要當存此一說耳。唐家喜事盼季常必來觀察，何時攜新丁來謁祖耶？

梁啟超雖然多次宣布不再過問政治，躲進書齋治學，但其實又一直在注意著政局。讓他鬱悶的是，「唱高調事」，「事實上既不因此而發生效力，而目前先自取狼狽，非計也」（民國十一年〈致東蓀足下書〉）。

梁夫人李蕙仙赴菲律賓探望長女之後，梁啟超經常在偌大空蕩的花園內散步。一日，正巧郵差往門口的郵箱裡投信件。梁啟超取到不少報刊和信件，其中有一封梁思成六月二十八日寄自菲律賓的信件：

海行三日，兒乃至瑪（馬）尼拉。昨晨到時，姊姊、三哥至舟中接兒。自母親以下長幼皆吉，堪告慰慈懷也。母親已完全復元，毫無病後狀態，較在家時胖且過之，每日午後必外出乘汽車吸新鮮空氣一次，且散步海岸，故日益壯健。

信件讀畢，梁啟超的臉上堆起了欣慰的笑容。

仲夏，七月初旬，梁啟超南下山東濟南，在中華教育改進社做講演，然後復回天津寓所。八月，梁啟超又赴南京、南通、上海等地做講演，月底，再到武昌、長沙，後經河南歸天津寓所。

九月七日，《申報》登載了梁啟超赴湖南演講的事情。

任公於八月三十一日乘專車到省，趙（恒惕）省長以次及教育界各人士均到車站歡迎，入城後在天樂居行館稍憩，即邀交涉員仇鼇、財政廳長唐讞訪時務學堂故址。因二十五年前梁氏曾在該堂講學也。既至，尋得及舊居之室，拍一小影，遂至暑期學校，書「時務學堂故址」數字，請仇、唐刊在該處以為紀念。午後四時在一中演講，於此次蒞湘甚多感慨之語，大演題為〈什麼是新文化〉，聽者極眾。七時赴趙省長宴，梁、黃均有演講。次日上午五時往遊麓山，展拜黃、蔡墳臺，九時返城，至省議會觀第二次常會開會禮，並講演〈湖南省憲之實施〉。十二時後赴大麓學校，時務、求實、高等三校校友會歡迎會，書「自強不息」四字為該校校額。二時許赴商會各公團公宴，三時半赴遵道會公開講演，題為〈奮鬥之湖南人〉，聽者多至數千人。五時許復至一中，與教育界人士共攝一影，又在該校演講，題為〈湖南教育界之回顧與前瞻〉。因時間迫促，僅講完前段。六時許赴教育會公宴。宴畢即與黃任之、沈肅文諸氏赴小吳門外車站，趙省長以次以及教育界人士均至車站送行。

九月十日，《申報》又登載了梁啟超在武漢報界歡迎會上發表的演說詞，其中談到「政治應如何監督，社會應如何指導，教育實業應如何振興」等問題，提到「故吾人以為社會大弊害，不在政府，不在政治，而在此種無業階級，若長此任其猖獗，吾儕國民非破產不可」等。這些言論，罔顧事實，暴露了梁啟超骨子裡的資產階級立場。

梁啟超大約於九月中旬回到天津寓所，潛心著述，《大乘起信論考證》一書得以完成。

十月末旬，梁啟超又走出書齋，赴南京的東南大學講學。

十一月二十一日，「陳老伯請吃飯，開五十年陳酒相與痛飲，我大醉而歸」（民國十一年十一月二十三日〈與思成永忠書〉），梁啟超因酒醉後傷風得病，醫生說心臟稍有異狀，張君勱說是腦充血，即刻停止他的課外講演一星期。

梁啟超到東南大學講學，幾乎每日都有兩個小時以上的講演，「講演之多既如此，而且講義都是臨時自編，自到南京以來（一個月）所撰約十萬字」，張君勱見他如此忙碌，日日和梁啟超「鬧說『鐵石人也不能如此做』」（民國十一年十一月二十九日〈與思順書〉）。

十二月二十五日，梁啟超為護國軍起義紀念又做了一次講演，晚上即致信長女梁思順，可知當日演講稿就有「十來張」，隔一日他又到蘇州為學生做講演：

十二月十二日的信收到了，歡喜得很。我現在還在南京呢。今日是護國軍起義紀念日，我為學界全體講演了一場，講了兩點多鐘。我一面講，一面忍不住滴淚。今把演稿十來張寄給你。我後日又要到蘇州講演，因為那裡學生盼望太久了，不能不去安慰他們一番，但這一天恐怕要很勞苦了。我雖然想我的寶貝，但馬尼拉我還是不願意去，因為我不同你媽媽，到那裡總有些無謂的應酬，無謂的是非，何苦呢？我於你媽媽生日以前，一定回到家，便著實休息半年了。

嗚呼，正如梁啟超在《先秦政治思想史》一書中所說：「孔子曰：『不憤不啟，不悱不發。』孟子曰：『有終身之憂，無一朝之患也。』乃若所憂則有之。嗚呼！如吾之無似，其能借吾先聖哲之微言以有所靖獻於斯世耶？吾終身之憂何時已耶？吾先聖哲偉大之心力，其或終有以啟吾憤而發吾悱也？」

第九章

創辦文化學院流產，松坡圖書館始落成

癸亥（一九二三），梁啟超五十一歲。

一月十五日，梁啟超由南京回到天津寓所，在北京《晨報》登養病謝客啟事，同月發起創辦文化學院。

三月，梁啟超完成《陶淵明》一書，有〈論陶〉一篇、〈陶年譜〉一篇、〈陶集考證〉一篇。

四月，梁啟超到北京西郊翠微山養病，為《清華週刊》撰〈國學入門書目〉一篇。

五月七日，梁思成、梁思永遭遇車禍。月末，梁啟超與康有為兩次晤面。

六月，梁啟超自翠微山返天津飲冰室。

七月，梁啟超在南開大學暑期學校講學。

八月，梁啟超赴北戴河避暑。

九月起，梁啟超在清華學校講學。

十一月四日，松坡圖書館正式成立。

癸亥年，流年不利。

梁啟超在上海請法國醫生檢查身體時，查出患有心臟病，他甚為擔心。「我三十一夜裡去上海，前晚夜裡回來，在上海請醫生（法國）診驗身體，說確實有心臟病，但初起甚微，只須靜養幾個月便好，我這時真有點害怕了。」（民國十二年一月七日〈與寶貝思順書〉）梁啟超打算趕緊做完幾次演講就回家，其他地方和學校的邀請也一概推掉，計畫閉門養病。

一月十三日，梁啟超結束在東南大學的講學，對該校學生發表了課畢告別講演：

我自己的人生觀，可以說是從佛經及儒書中領略得來。我確信儒家佛家有兩大相同點：（一）宇宙是不圓滿的，正在創造之中，待人類去努力，所以天天流動不息，常為缺陷，常為未濟。若是先已造成——既濟的，那就死了，固定了。正因其在創造中，乃如兒童時代生理上時時變化，這種變化即人類之努力，除人類活動以外，無所謂宇宙。現在的宇宙，離光明處還遠，不過走一步比前好一步，想立刻圓滿不會有的。最好的境域——天堂大同極樂世界——不知在幾千萬年之後，絕非我們幾十年生命所能做到的。能瞭解此理，則作事自覺快慰。以前為個人為社會做事不成功，或做壞了，常感煩悶，明乎此，知做事不成功，是不足憂的。世界離光明尚遠，在人類努力中或偶有退步，不過是一現象。譬如登山，雖有時下，但以全部看，仍是向上走。青年人煩悶多，因希望太過，知政治之不良，以為經一次改革即行完滿，及屢試而仍有缺陷，於是不免失望。不知宇宙的缺陷正多，豈是一步可升天的。失望之因即根據於奢望過甚……

細讀梁啟超的這篇講演，可見其宇宙觀和人生觀，是積極的、辯證的。

兩天後，梁啟超即起程返津門。到達天津後，梁啟超旋即在一月二十日的北京《晨報》第一版登載因病謝客啟事：

鄙人年來雖委身教育，但惟願就自己所好之學科，為短期之巡迴講演，或自約同志，作私人講學。至於諸校之任何職員，斷斷不能承乏。敬告學界諸君，幸無以此相嬲。鄙人頃患心臟病，南京講課勉強終了後，即遵醫命，閉門養痾，三個月內不能見客，無論何界人士枉顧者，恕不面會。謹啟。

其實，梁啟超只是「託病杜門謝客，號稱靜養，卻是靜而不養。每日讀極深奧的《成唯識論》，用盡心思」（民國十二年一月二十九日〈與寶貝思順書〉）。

梁啟超還有事情要做，就是發起創辦文化學院。梁啟超擬採用半學院半學校的形式，自任院長，另請六七人任分科教導員。校舍設在南開大學的新校址中，分設本班、研究班、補習班和函授班。除了教學，學院還要整理古籍，校勘訓釋編訂等。一月二十一日的北京《晨報》第一版登載了梁啟超創辦文化學院緣起宗旨和詳細計畫：

為創設文化學院事求助於國中同志。

啟超確信我國儒家之人生哲學為陶養人格至善之鵠，全世界無論何國無論何派之學說，未見其比。在今日有發揮光大之必要。

啟超確信先秦諸子及宋、明理學，皆能在世界學術上占重要位置，亟宜爬羅其宗別，磨洗其面目。

啟超確信佛教為最崇貴、最圓滿之宗教，其大乘教理尤為人類最高文化之產物。而現代闡明傳播之責任，全在我中國人。

啟超確信我國文學美術，在人類文化中有絕大價值，與泰西作品接觸後，當發生異彩。今日則蛻變猛進之機運漸將成熟。

啟超確信中國歷史在人類文化中有絕大意義，其資料之豐，世界罕匹，實亙古未辟之無盡寶藏。今日已到不容扃之時代，而開採之須用極大勞費。

啟超確信欲創造新中國，非賦予國民以新元氣不可。而新元氣絕非枝枝節節吸受外國物質文明所能養成，必須有內發的心力以為之主。以上五事，實為其芽種。

啟超確信當現在全世界懷疑沉悶時代，我國人對於人類宜有精神的貢獻。即智識方面，亦宜有所持以與人交換。以上五事之發明整理，實吾儕對世界應負之義務。

啟超確信欲從事於發明整理，必須在舊學上積有豐富精勤的修養，而於外來文化亦有相當的瞭解，乃能勝任。今日正在人才絕續之交，過此以往，益難為力。啟超雖不敢自命為勝任，然確信我在今日，最少應為積極負責之一人。我若怠棄，無以謝天下。

啟超確信茲事絕非一手一足之烈所能為力，故亟宜有一機關以鳩集現在已有相當學力之同志，培養將來熱心茲業之青年。

啟超確信現行學校制度有種種缺點，欲培養多數青年共成茲業，其講習指之方法及機關之組織，皆當特別。

以上說理由竟，當陳述現擬之計畫……

在上面的表述中，梁啟超一連用了多個「確信」，表達了他對中國文化藝術的自信。縱觀近代學人談文化藝術，像梁啟超這樣有遠見且自信者，有幾人歟？

梁啟超創辦文化學院的計畫，以及徵求贊助的啟事公布後，回應者眾多。各界有識之士致信梁啟超，表示願意捐助。特別是諸多崇拜梁啟超的青年學生，紛紛來信表示願意到未來的文化學院受教。但是，創辦文化學院非有雄厚的資金支持，難以成就梁啟超的宏願。

自古賢豪出自窮巷桑產者為多，而擁億萬元資產者多不關心教育，社會捐助之金，不足建校之二成。除了資金不足，不少人的教育宗旨及方法，與梁啟超相左。所以建文化學院一事，雖然梁啟超竭盡全力地張羅，最後還是偃旗息鼓，令人唏噓。

二月，梁啟超完成了〈陶淵明年譜〉一篇，後來陸續寫成幾篇，匯成《陶淵明》一書，是年九月由商務印書館出版。

此兩旬間成一書，擬提曰《陶淵明》。內分三部分：（一）陶淵明之品格及其文藝價值，（二）陶淵明年譜，胡適之來此數日極激賞此作。（三）陶詩解題及新箋，此部分尚有少許未成。刻已付鈔，日內寄上，即以版權全歸公司，作為此兩、三月受祿之代價也。〈釋迦〉一篇在組織中。《陶淵明》完功後，當全力著手。知念，並聞。（民國十二年三月二十日〈與夢旦兄書〉）

《陶淵明年譜》自序講述了寫作的詳細經過：

秋冬間講學白下，積劬嬰疾，醫者力戒靜攝。寧家後便屏百慮，讀陶集自娛。偶鈎稽其作品年月，而前人所說，皆不能愜吾意。蓋以吾所推定，陶公卒年僅五十六，而舊史舊譜皆云六十三。緣此一誤，他皆誤矣。遂發憤自撰此譜，三日而成。成後，檢篋中故書，得舊譜數種，復以兩日校改之為斯本。號稱養病，亦頗以鏤刻愁肝腎矣。

壬戌臘不盡五日即民國十二年二月十日，啟超自記於天津之飲冰室。

《陶淵明》書成後亦有短序一篇，可見梁啟超治學之態度嚴謹：

欲治文學史，宜先剌取各時代代表之作者，察其時代背景與夫身世所經歷，瞭解其特性及其思想之淵源及感受。吾夙有志於是，所從騖者眾，病未能也。客冬養痾家居，誦陶集自娛，輒成〈論陶〉一篇，〈陶年譜〉一篇，〈陶集考證〉一篇。更有陶集私定本，以吾所推證者重次其年月，其詩之有史跡可稽者為之解題。但未敢自信，僅將彼三篇布之雲爾。〈論屈原〉一篇久寫成，中有欲改定者，且緩之。其覃及諸家，則視將來興之所至何如也。

（民國）十二年四月一日啟超記

梁啟超考證陶公卒年五十六，後來自身享年五十六。

二月還發生了一件驚險的事情，梁啟超經歷了一場車禍。在梁啟超給長女梁思順的信中可知，二月十七日（陰曆正月初二），講學所聘請的杜里舒博士到天津做講演，梁啟超借了李賓四馬車到車站迎他。出了飲冰室才到大馬路交叉處，就被駛來的電車撞個正著，車、人、馬俱倒在地上。梁啟超只擦破頭皮，但腿腳跌得酸痛，還堅持在南開講演。夜晚又與張君勱、林志鈞、丁文江談了通宵。

三月十五日，好消息傳到天津飲冰室。駐英國代辦公使朱兆莘致信梁啟超，言推薦梁啟超為萬國著作家俱樂部名譽會員。信中說：

近聞有創設文化學院之舉，西報讚美有加，名山大業，代有傳人，遙拜下風，穆然神往。倫敦萬國著作家俱樂部，徵求亞洲名譽會員二人，除日本應占一席外，由莘推舉一人。該會懸格極高，入會者皆當世知名之士。環顧國中，著作等身，足膺斯選者，舍公誰屬？故擅舉大名，代表吾國。除由該會徑通訊外，謹將會章函件附呈備覽，乞賜復示，即頌著安。

成為萬國著作家俱樂部名譽會員，是當時除諾貝爾文學獎之外各國作家之殊榮。一九二〇年代初，由新文化運動孕育出的中國作家，除了李大釗推薦的辜鴻銘——「愚以為中國兩千五百年文化，終出一辜鴻銘先生，已足以揚眉吐氣於二十世紀之世界」——魯迅、胡適等大師，在全球文化界的影響力，恐無人能超過梁啟超。他能獲此殊榮，也是實至名歸。

四五月間，梁啟超居京西翠微山秘魔岩，讀書著述。翠微山的山居生活，可以從梁啟超〈稷山論書序〉一文窺見，其中還有對書法的討論。

癸亥長夏，獨居翠微山之秘魔岩，每晨盡開軒窗納山氣，在時鳥繁聲中作書課一小時許以為常。一日蔣百里挾一寫本小冊至，且曰：三十年夙負，合坐索矣。視之，則會稽陶心雲先生論書絕句百首。原稿有俞曲園、譚复堂、李蓴客、袁爽秋、沈乙庵諸序跋，皆手寫也。而不佞一短箚亦傫然虱其間，文筆書勢皆稚弱如乳臭兒，視之羞欲死，蓋十七八歲時初遊京師作也。箚中答心老吹誘作序雲：三月內必有以報命。迄今為三月者，殆百有五十，而心老墓木久拱矣。記十二三歲時，在粵秀山三君祠見心老書一楹帖，目敓魂搖不能去，學書之興自此。京師識心老，蓋在夏穗卿座中，心老即席見贈一帖，文曰：學問文章過吾黨，東南淮海惟揚州。且曰：粵地在《禹貢》固揚分也。其書龍跳虎臥，意態橫絕。亡命後帖久燼，然神理深鏤吾心目，今猶可髣髴也。心老論書尊碑絀帖，此固道咸以來定讞。雖然，簡箚之與碑版，其用終殊，孫虔禮所謂：以點畫為情性，使轉為形質者。其妙諦又非貞石刻文所能盡也。明矣！挽近流沙墜簡出世，中典午殘縑數片，與匯帖所摹鐘、王書乃絕相類，其書蓋出諸北地不知名之人之手，非江左流風所扇。故知翰素既行，風格斯嬗，未可遂目以偽體祧之也。余於書不能有所就，且平昔誦習皆在北刻，心老之論復何間然。顧孟子惡執一賊道，然則北刻外無楷法之論，終未敢苟同，恨不得起心老於地下更一揚榷之。或問曰：論書之作，在今日毋亦可以已耶？應之曰：不然，吾聞之百里，今西方審美家言，最尊線美，吾國楷法，線美之極軌也。又曰：字為心畫，美術之表見作者性格，絕無假借者，惟書為最。然則書道之不能磨滅於天地間，又豈俟論哉？

新會梁啟超

筆者不諳書法，但篤信中國之書法，乃吾民族之精神圖譜之一，「風神骨氣者居上，妍美功用者居下」（唐張懷瓘語），「書之要，統於『骨氣』二字」（清劉熙載《藝概・書概》），梁啟超論書法，很有見地，正是「學書當自成一家之體」，學書在法，而其妙在人。

翠微山景色清雅幽靜，日子卻並不寧靜。

《清華週刊》記者上山拜望並約稿。梁啟超撰〈國學入門書要目及其讀法〉一文在該刊發表。當時胡適也撰寫了〈一個最低限度的國學書目〉一文在該刊發表。清華園學子奔相走告。梁啟超對胡適的文章，推崇備至。後來梁啟超的著述出單行本，末附附錄三篇，其一即為《評胡適之的〈一個最低限度的國學書目〉》。兩位學者，一長一幼，在學術上互相砥礪，形成犄角之勢，乃文苑之美談。

當時，還有人冒「梁啟超」之名，寫作研究直奉關係的文字登在《黃報》上，逼得梁啟超只好在《晨報》上登報自證。

方才聽說這幾天《黃報》上登有一篇研究直奉關係的文字署名「梁啟超」的，真是詫異極了！也許《黃報》的作者竟是奇巧的與我同姓同名，但在現今這樣無奇不有的社會裡，什麼事都會發現，所以我想對於那篇署名「梁啟超」的大文，應得有個聲明：

第一，要聲明是我——廣東新會的梁啟超——絕對不是那篇文字的作者。
第二，我近來不做研究現實政局的文字。
第三，我從來未曾有過投稿《黃報》的榮幸。

我也已有信給《黃報》的主筆，請聲明那篇文字的來源，若然是有人故意借用我的名字，我只有請《黃報》的主筆對我完全負責。

五月三日

五月七日（陰曆三月廿二），梁思成、梁思永遭遇車禍。當天是「五七國恥紀念日」，北京城裡的學生舉行示威遊行，當天也是梁啟超長弟梁啟勳的生日（光緒二年三月廿二日（一八七六年四月十六日）），梁思成、梁思永就跟著梁啟超進城了。

兩人騎著長姐梁思順從菲律賓帶回來的摩托車，行至南長街口，被一輛大汽車撞倒，兩人跌倒在地。梁思成受傷嚴重，昏迷過去。梁思永不顧血流滿面，飛奔回家，喚家人去救。眾人將梁思成背到家時，他臉上一點血色也沒有，兩眼發直。梁思忠見狀，大聲哭泣，幾乎暈死。等到醫生趕來施救，梁思成才緩過氣來，抱著父親道：「爹爹啊，你不孝順的兒子，爹爹媽媽還沒有完全把這身體交給我，我便把他毀壞了，你別要想我罷……千萬不可以告訴媽媽……姐姐在哪裡，我怎樣能見她？」

眾人又將梁思成送到協和醫院治療。後來梁啟超去車禍現場看過，見一死屍橫陳街頭，一直沒收殮，應該是被那大汽車撞死之人，梁啟超覺得後怕。

兄弟倆遭遇車禍的事，很快就上了《晨報》，報上講得清楚，車禍的製造者正是時任北洋政府陸軍部次長的金永炎。當時撞人之後，金永炎根本沒下車，揚長而去。梁夫人李蕙仙入京探望梁思成之後，親自到總統府找到黎元洪，要求嚴懲。梁思成二叔梁啟勳大發雷霆，必欲訴諸法律，叫員警拘傳司機，扣留汽車。在輿論的壓力之下，金永炎才服軟來到醫院看望梁思成並慰問，正好梁夫人也在醫院，梁夫人將他痛罵一頓。

後來此案判定責任仍在司機，坐車人只有道德責任，金永炎用司機當了替罪羊，可見當時司法弛廢，社會混亂。

五月上旬，張君勱、丁文江因「對於人生觀的觀察點不同，惹起科學、玄學問題的論戰」，還有好幾位學者陸續加入論戰，而這些人都是梁啟超「最敬愛的朋友」，學術界再起波瀾，兩軍主將都是梁啟超的好友，他盼望論戰是徹底的討論，參戰的人越多越好，甚至自己也想參戰。他在論戰開始時撰寫〈關於玄學、科學論戰之「戰時國際公法」〉一文，以免雙方傷了和氣。後來，他又撰寫〈人生觀與科學〉一文，藉以導入為真理而論戰的途徑：

人類生活，固然離不了理智，但不能說理智包括盡人類生活的全內容，此外還有一極重要一部分——或者可以說是生活的原動力，就是情感。情感表出來的方向很多，內中最少有兩件的的確確帶有神祕性的，就是「愛」和「美」。科學帝國的版圖和威權無論擴大到什麼程度，這位「愛先生」和那位「美先生」依然永遠保持他們那種「上不臣天子，下不友諸侯」的身分。請你科學家把「美」來分析研究罷，什麼線，什麼光，什麼韻，什麼調……任憑你說得如何文理密察，可有一點兒搔著癢處嗎？至於「愛」，那更玄之又玄了。假令有兩位青年男女相約為「科學的戀愛」，豈不令人噴飯？又何止兩性之愛呢，父子朋友……間至性，其中不可思議者何限。孝子割股療親，稍有常識的也該知道是無益，但他情急起來，完全計較不到這些。程嬰、杵臼代人撫孤，撫成了還要死。田橫島上，五百人死得半個也不剩。這等舉動，若用理智解剖起來，都是很不合理的，卻不能不說是極優美的人生觀之一種。推而上之，孔席不暖，墨突不黔，釋迦割臂飼鷹，基督釘十字架，替人贖罪，他們對於一切眾生之愛，正與戀人之對於所歡同一性質，我們想用什麼經驗什麼規範去測算他的所以然之故，真是癡人說夢。又如隨便一個人對於所信仰的宗教，對於所崇拜的人或主義，那種狂熱情緒，旁觀人看來多半是不可解，而且不可以理喻的，然而一部人類活歷史，卻十有九從這種神祕中創造出來，從這方面說，卻用得著君勱所謂主觀，所謂直覺，所謂綜合而不可分析……等等話頭。想用科學方法去支配他，無論不可能，即能，也把人生弄成死的沒有價值了……我把我極粗淺極凡庸的意見總括起來，是「人生關涉理智方面的事項，絕對要用科學方法來解決；關涉情感方面的事項，絕對的超科學」。

梁啟超不是唯物主義者，但觀其論，充滿辯證色彩，正所謂「金石有聲，不動不鳴，管籥有音，不吹無聲」（《文子・上德》）。此文既講明事理，又擬使兩個好友的爭論變成「奇文共欣賞，疑義相與析」的學術討論。

時康有為正學孔子，遊走各地，於五月末旬至天津，梁啟超回到天津迎迓。

夫子大人函丈：

聞杖履抵津，歡喜踴躍。啟超一月前入京在秘魔岩獨居讀書，聞訊即擬赴津敬謁。因小兒被車軋傷，現入醫院，頃正割駁，須稍照料撫視，不審吾師擬入京否？翠微山色正佳，能來小住，亦一適也。若厭京塵不欲蒞止，不識在津亦擬一盤桓否？希飭一示，當即造也。（民國十二年五月二十日〈致夫子大人書〉）

「康梁」師生兩度晤面，梁啟超「兩次捧杖履」，再續師生情誼。

兩次捧杖履，終恨卒卒未療積想也。

呈上紙三張，一款志摩者，即昨日造謁之少年，其人為弟子之弟子，極聰異，能詩及駢體文，英文學尤長，以英語作詩為彼都人士所激賞。頃方將弟子之《先秦政治思想史》

譯為英文也。一款宰平者，其名為林志鈞，深於佛學，前袁世凱稱帝時，最先棄官者也，素敬先生，故為代求。一款藻孫者，其人為弟子之內侄，欲得數位以志景仰，希推愛隨意為一揮，至幸。

京塵惡濁，吾師不往亦佳，既爾則秘魔之遊似亦可不必矣。弟子今日早車入京，若師行甚促，恐不復走送，主臣主臣。閣帖賜跋成，或交去手帶回亦可，丁在君乞賜紀念語，若書就亦請擲弟子處。

（民國十二年五月二十六日〈致夫子大人書〉）

「康梁」師生系改良運動的代表人物，在嚴重的民族危機和尖銳的階級矛盾下，他們的改良運動得到不少士子的贊成和擁護，形成了一個相當廣泛的群眾運動。戊戌變法失敗後，康有為漸成保皇派，成為袁世凱復辟稱帝的有力支持者。成為資產階級改良派的梁啟超，積極傳布新思想、新文化，政治主張也都是相對立，師徒二人因此分道揚鑣。此次康有為到津，梁啟超努力盡弟子之禮而已。

六月初，梁思成之傷，在經過住院三次手術後，「已完全接好，可以如常人一樣，四星期後便能出院」（民國十二年六月一日〈與思順書〉），留學之事也不耽誤。就這樣，居於西山的梁啟超，不再因梁思成的傷而頻頻往返於城內城外。梁啟超因「心境極佳（身體亦益健），讀書至樂」，而西山「漸暑蚊虻多」（民國十二年六月十三日〈與寶貝思順書〉），不久即返回天津飲冰室。

癸亥年，中國政壇風雲變幻。六月十二日，中國共產黨在廣州召開第三次全國代表大會，決定與國民黨合作，大會選舉陳獨秀、李大釗、毛澤東等人組成中央局。六月十三日，大總統黎元洪以向國會辭職為名，出走天津，後重謀執政不遂，從此退出政壇。其間，直系軍閥曹錕不顧一切地欲謀大總統一職。

七月四日，梁啟超在天津飲冰室致信曹錕，率直又懇切地勸他打消此念頭，信中說：

夫大覺悟與大懺悔，非大英雄不能也。勒馬懸崖，放刀成佛，抑何容易，吾誠不敢望公之能用吾言，徒以哀憐眾生故，終不能已於言耳。

講課煎迫，著述百忙，有鯁在喉，非吐不快，輒輟他業，陳此讜言。倘承垂采，何幸如之；目以謗書，無所逃罪。溽暑郁陶，伏惟自愛不宣。

此舉引起了曹錕的忌恨，「某人於我輩忌恨無所不至，數日來所聞誣構之辭更種種出人意表」（民國十二年九月十八日〈致季常書〉）。次年的六月二十七日，曹錕忽然來到北海，步行至松坡圖書館前，「令衛兵將松館界木樁全行拔去，不知何意。三十日幹事會僉謂置之不理。近日並無下文。此事瑣瑣不足告，惟未嘗於館無關，故以奉達，似可不議也」（民國十三年七月二日蹇念益〈致任公先生書〉）。是年十月五日，曹錕以一千三百五十萬元巨額款項，買得中華民國大總統職位，為世人所不恥，遭全國各界聲討，各地舉行了遊行示威。

孫中山明令討伐曹錕，並通行各國領事館，否認曹錕為大總統。

九月一日，日本關東地區發生七級以上強烈的大地震，波及東京、橫濱、沼津、名古屋、大阪諸地，造成了巨大的災難，傷亡約十萬人，共計三百萬人受災。當時中國時局混亂，但是政府還是號召全國人民捐出糧食、物品和款項，以援助日本。中國各界名流以及各地商會、工會、紅十字會等機構紛紛出面募捐，將物資海運到日本。

梁啟超於九月六日在《晨報》發出通電：

日本此次震災，為歷史未聞之浩劫。災情全部真相，尚未明瞭，但據現在報告，則彼都商工業及文化之中心，殆悉成焦土，嗷鴻遍野，逖聽驚心。我國學士僑商數千人，同在難中，呼號路絕，凡有血氣，能不惻然。我國地處密邇，救災恤鄰，責無旁貸。竊謂一面宜由政府急派軍艦，運載糧食，馳往急賑。一面宜由民間發起大規模之救濟會，募集鉅款，採辦物品，陸續營救。近年來日本政府對我之舉措，誠多予吾人以不慊。

但少數軍閥之責任，不能以致怨於其國民。《詩》曰，凡民有喪，匍匐救之。我國民素崇泛愛之教，際茲急難，誠宜率先仗義，發揚利他忘我之精神，劍及履及，為諸國倡，非特國際道義宜然，抑亦良心之所命也。凡百君子，諒有同情，伏候提倡，執鞭欣慕。

當時日本人在屋內燒炭做飯、取暖，火爐因地震被打翻，引發火災，有幾萬人死於火災。梁啟超亦有熟人因此喪生，「日本這回火災，真是驚心動魄，熟人被難的還不多，最可惜長壽卿葬送了」（民國十二年九月六日〈與寶貝思順書〉）。

梁啟超積極辦救濟會，「日本華僑賑款，請匯神阪華僑救災團收（現在賑僑民自然以神戶為中心），因該團辦得極出力而極窮，我正發電國內各處，告訴他們匯錢去」（民國十二年十月六日〈與寶貝思順書〉）。冬，十一月四日，松坡圖書館正式成立，梁啟超出席典禮，「熱鬧了一天」（民國十二年十一月五日〈與寶貝思順書〉）。早在六月二十日松坡圖書館擇定館址於北海快雪堂時，梁啟超就撰寫了〈館記〉一文，論及創辦該館的經過：

民國五年十一月七日蔡公薨，國人謀所以永其念者，則有松坡圖書館之議。顧以時事多故，集資不易，久而未成，僅在上海置松社，以時搜購圖籍作先備。十二年春，所儲中外書既逾十萬卷，大總統黃陂黎公命撥北海快雪堂為館址。於是以後廡奉祀蔡公及護國之役死事諸君子，擴前楹藏書，且供閱覽。詩曰「高山仰止，景行行止」。入斯室者百世之後猶當想見蔡公為人也。

民國十二年六月二十日梁啟超記

年底，胡適、徐志摩、梁實秋、聞一多等文壇翹楚，在北京創立了新月社。新月社在文學創作上追求唯美主義，宣導「純粹的藝術」，形成了流派；在政治上，宣傳西方人權學說，反對「盲目的暴力革命」。這些理念與梁啟超的觀念接近，而且，新月社同人大多與梁啟超有較深的交往。

第十章

熱情陪泰戈爾訪華，祭妻仙逝悲撰〈悼啟〉

甲子（一九二四），梁啟超五十二歲。

一月二十九日，戴東原兩百年誕辰紀念在京召開。

四月，印度詩人泰戈爾來華，梁思順回國。十八日，夏曾佑去世。二十三日，梁啟超撰〈亡友夏穗卿先生〉一文。

春季，梁啟超又在南開大學講學，著有〈清代學者整理舊學之總成績〉一文，其時張東蓀、陳築山等人數次敦促梁啟超發展中國公學。

六月，梁思成赴美留學。

九月十三日，梁夫人李蕙仙因患乳癌逝世，梁啟超哀痛萬分，撰〈悼啟〉一文。

十月，北京政變，馮玉祥囚禁曹錕。

十一月二十四日，段祺瑞就任中華民國臨時執政。

年底，孫中山帶病入京。

去年十月十日，梁啟超就與同人發起了戴東原兩百年誕辰紀念會，還撰寫了〈戴東原生日兩百年紀念會緣起〉一文，廣邀同道。「稍微研究過中國近世學術史的人，都應該認識戴東原先生的位置和價值」，「我們學界的人很應該替他做一回莊嚴的紀念」。

是年一月十九日，戴東原兩百年誕辰紀念會在北京安徽會館召開，參會者甚眾。

戴東原，出生於雍正元年十二月二十四日（一七二四年一月十九日），卒於乾隆四十二年五月二十七日（一七七七年七月一日）。名震，字東原。安徽休寧人，清乾隆舉人，哲學家、思想家、考據學家、經學家。屢考進士不中，纂修《四庫全書》，任翰林院庶起士。治經反對師法漢儒，主張以原經典本身為主，仍屬古文經學。學者段玉裁、王念孫父子皆從其學。著有《毛鄭詩考正》、《孟子字義疏證》、《聲韻考》、《聲類表》、《戴氏水經注》、《考工圖記》、《勾股割圓記》等。其中，《孟子字義疏證》一書，從訓詁疏證入手，批判程朱理學的唯心論，堅持「理在氣中」的唯物自然觀，抨擊宋儒「以經殺人」，把人欲與天理統一起來。

戴東原這些思想，引起梁啟超的關注並加以研究，對他影響甚大。在紀念會之前，梁啟超原打算寫成五篇論文，但是因為紀念會改期，原定一月二十九日舉辦（陰曆十二月二十四日），後來提前了十天，梁啟超僅完成了三篇。登載於《晨報副鐫》的《戴東原哲學》的第十章上寫著「暫闕」二字，上面有個說明：

我要向讀者告罪，因為我這篇文章，還沒有做成。我對於這回東原生日紀念本打算做五篇論文：一是東原先生傳，二是東原著述考，三是東原哲學，四是東原治學方法，五是顏習齋與戴東原。因為校課太忙，始終沒有空執筆。其初本是在舊曆十二月二十四日舉行的，後來議定換算陽曆，忽然提早十天，我越發趕不過來，現在已成三篇，都是盡十天工夫趕的。這一篇東原哲學，我是接連三十四點鐘不睡覺趕成，下剩兩節，實在沒有法兒趕了。像這樣草草屬稿，如何能有稱心文字。我覺得對不起東原，又對不起讀者，容改日補過罷。

我睡覺去了。

（民國十三年）一月十九日午前三時啟超

梁啟超、蔡元培決定以北京講學社的名義邀請印度詩人泰戈爾訪華。泰戈爾生於一八六一年，於一九一三年獲得諾貝爾文學獎，並獲封英國爵士。泰戈爾的詩歌作品，彌漫著神祕色彩和宗教氣氛，在國際上享有盛譽，也深受中國讀者推崇。

泰戈爾高興地接受了邀請，決定於四月訪華。此前一個月，梁啟超便開始籌劃。三月七日，梁啟超致信蹇念益，跟他商量為泰戈爾籌備住所：

示悉，叔魯房子事，我自己問題很小，因為內人病勢日日見輕，或者竟可在天津住了，獨泰戈爾房須別覓，真是一問題，渠不過一個月後便來，非趕緊設法不可。我想城裡找適當的很難，最好是海淀，其次則香山，你說怎麼樣？海淀孫慕韓的不知能借否或其他前清闊人別莊亦請打聽，請你托幼山或仲恕一問何如？香山除雙清別墅外，哪裡最好？請你也想一想。志摩既未來，我想此事預備招待事要陳博生負點責任，我已有信給他，請你也和他接頭。

為了歡迎泰戈爾，梁啟超還在師範大學做了〈印度與中國訪華之親屬的關係〉的演講：

我們西南方卻有一個極偉大的文化民族，是印度，他和我從地位上看，從性格上看，正是孿生的弟兄兩個。咱們哥兒倆，在現在許多文化民族沒有開始活動以前，已經對於全人類應解決的問題著實研究，已經替全人類做了許多應做的事業，印度尤其走在我們前頭，他的確是我們的老哥哥，我們是他的小弟弟。最可恨上帝不做美，把一片無情的大沙漠和兩重冷酷的雪山隔斷我們往來，令我們幾千年不得見面，一直到距今兩千年前光景，我們才漸漸的知道有恁麼一位好哥哥在世界上頭。

梁啟超的謙遜精神，表現出對自己民族文化的自信，這是何等有氣魄的民族精英。

四月十二日，北方春暖花開，江南芳草碧連天時節，泰戈爾抵達上海。四月二十三日，在徐志摩、王統照的陪同下，泰戈爾到達北京。在正陽門東車站迎迓的各界人士有梁啟超、蔡元培、林長民、胡適、梁漱溟、蔣夢麟、辜鴻銘、熊希齡、范源濂等四五百人。

二十六日的《晨報》記載，四月二十五日，梁啟超、蔣百里、熊希齡、汪大燮、蔣夢麟、范源濂等人在北海靜心齋歡迎泰戈爾，胡適、陳普賢、秦墨哂等四十餘人陪同。下午五時開茶會，及半梁啟超起立致歡迎詞，大意如下：

中印兩國是兄弟之邦，一千三四百年以前，印度偉人來遊吾邦者踵相接，故吾國文化上所受印度之影響，深且大。今茲吾人又獲與印度現代偉人相接，使數百年中斷之溝通，又得一接近之機緣，此實吾人最為榮幸之事。吾國之哲學、文學、美術、雕刻、小學、音樂，乃至於醫學、數學、天文亦莫不受其影響。余將於明日（即二十六日）及後日（即二十七日）在師大、北大講演，聊表歡迎泰氏之意。

「梁任公致詞完畢，由張逢春譯成英語。繼由泰氏答辭，歷三十分鐘之久。」泰戈爾致答詞時，長髯飄飛，目光炯炯，談東方哲學對世界的影響，侃侃而談，迸發智慧之光。

此次泰戈爾訪華，從上海開始，徐志摩全程陪同。泰戈爾發表〈東方文明的危機〉時，便由徐志摩擔任翻譯。五月泰戈爾取道日本歸國，徐志摩專程送到日本。

泰戈爾到北京後，林徽因全程陪同。四月二十三日，林徽因和大家一起在正陽車站歡迎泰戈爾。二十五日，林徽因與梁啟超、林長民、胡適等陪同泰戈爾遊覽北海，參觀松坡圖書館，赴靜心齋茶會。二十六日，林徽因與徐志摩、陳西瀅等人陪同泰戈爾遊覽京郊法源寺。二十七日，林徽因陪同泰戈爾遊覽故宮御花園，兼作翻譯，晚上陪同參加北京文學界歡迎泰戈爾的宴會。二十八日，林徽因與梁啟超、梁思成等人陪同泰戈爾在先農壇與北京學生見面，徐志摩擔任翻譯。二十九日，林徽因與胡適、徐志摩、王統照、顏惠慶等人陪同泰戈爾，午前參加北京畫界在貴州會館的歡迎會，下午參加莊士敦的招待。

二十八日在先農壇為泰戈爾舉辦的演講會上，梁啟超首先致歡迎詞，然後林徽因右扶、徐志摩左攙，簇擁著泰戈爾登上講臺演講。吳詠的《天壇史話》書中有生動的描寫：「林小姐人豔如花，和老詩人挾臂而行，加上長袍白面、郊寒島瘦的徐志摩，有如蒼松竹梅的一幅三友圖。徐志摩的翻譯，用了中國語彙中最美的修辭，以硤石官話出之，便是一首首的小詩，飛瀑流泉，淙淙可聽。」

泰戈爾很喜歡中國文化，想請中國朋友給自己起中國名字，梁啟超就為他起了一個中國名字——竺震旦：

泰谷爾很愛徐志摩，給他起一個印度名叫做 Soo sim。泰氏有一天見我，說道：我不曉得什麼緣故，到中國便像回故鄉一樣……他要求我送給他一個中國名字，還說他原名上一個字 Rab 是太陽的意思，下一個字 Indra 是雷雨的意思，要我替他想「名字相覆」的兩個字……過兩天他又催我，還說希望在他生日那天得著這可愛的新名。我想印度人從前呼中國為「震旦」……這兩個字卻含有很深的象徵意味，從陰曀界雺的狀態中春耆然一震，萬象昭蘇，剛在扶桑浴過的麗日從地平線上湧現出來。這是何等境界！泰谷爾原名正含這兩種意義，把他意譯成「震旦」兩字，再好沒有了……我希望我們對於他的熱愛跟著這名兒永遠嵌在他心靈上，我希望印度人和中國的舊愛，借些震旦這個人復活轉來。

五月八日是泰戈爾的六十四歲壽生日，北京文化界借協和大禮堂，舉行盛大集會，為泰戈爾祝壽。胡適主持慶典，宣布梁啟超代表大家為他起的中國名字為「竺震旦」，並贈他一方「竺震旦」印章。泰戈爾欣然接受。

接著，臺上出現了一輪新月，寓意泰戈爾的詩集《新月集》。大幕拉開，由林徽因、徐志摩等人用英語演出了泰戈爾的詩劇《齊德拉》（Chitra）。林徽因、徐志摩兩人的表演出神入化，看得泰戈爾老淚縱橫，連梁啟超、胡適也全神貫注，沉浸其中。

泰戈爾離開中國時，因未能助徐志摩追求到林徽因而遺憾，特地為林徽因留下了一首小詩：「天空的蔚藍，愛上了大地的碧綠，他們之間的微風歎了聲『哎』！」六月十六日，林徽因與梁思成在上海乘坐昌興輪船公司的遠洋客輪「俄國皇后」號，赴美賓夕法尼亞大學留學。十七日的《申報》上記載：「梁任公之子思成偕林長民及林之女公子（思成之未婚妻），於日前抵滬。梁林兩君此次南下，系為赴美留學。昨日下午三時梁君與林女士在海關碼頭赴淞。」

兩年後的十月三日（陰曆七月初七），徐志摩與陸小曼在北海公園畫舫齋舉行盛大的結婚典禮，胡適說情，梁啟超答應做證婚人，但他「在禮堂演說一篇訓詞，大大教訓一番，新人及滿堂賓客無一不失色，此恐是中外古今所未聞之婚禮矣」（民國十五年十月四日〈給孩子們書〉）。這篇驚世駭俗的證婚詞如是說：

志摩、小曼，你們兩個都是過來人，我在這裡提一個希望，希望你們萬勿再做一次過來人。婚姻是人生的大事，萬萬不可視作兒戲。現時青年，口口聲聲標榜愛情，試問，愛情又是何物？這在未婚男女之間猶有可說，而有室之人，有夫之婦，侈談愛情，便是逾矩了。試問你們為了自身的所謂幸福，棄了前夫前妻，何曾為他們的幸福著想？古聖有言「己所不欲，勿施於人」，此話當不屬封建思想吧？建築在他人痛苦之上的幸福，有什麼榮耀，有什麼光彩？

徐志摩，你這個人性情浮躁，所以在學問方面沒有成就；你這個人用情不專，以至於離婚再娶。小曼！你要認真做人，你要盡婦道之職。你今後不可以妨害徐志摩的事業……你們兩人都是過來人，離過婚又重新結婚，都是用情不專。以後要痛自悔悟，重新做人！願你們這是最後一次結婚！

此外，關於泰戈爾訪華，是當時中國與世界訪華交流的一件大事。但《申報》發表〈泰戈爾與中國新聞社記者談話〉一文時，說：「此次來華……大旨在提倡東洋思想……泰西文化單趨於物質，而於心靈一方面缺陷殊多。」針對此次談話，一九二四年四月十八日的《中國青年》雜誌第二十七期上，陳獨秀以「實庵」筆名發表了〈泰戈爾與東方文化〉一文，發表了自己的看法：「泰戈爾所要提倡復活的東方特有之文化，倘只是抽象的空論，而不能在此外具體的指出幾樣確為現社會進步所需要，請不必多放莠言亂我思想界！泰戈爾！謝謝你罷，中國老少人妖已經多的不得了呵！」早在一九二三年十月，曾崇拜過泰戈爾的郭沫若撰寫了〈泰戈爾來華的我見〉，認為泰戈爾宣傳的主張，在中國是不必要的，「一切什麼梵的現實，我的尊嚴，愛的福音，只可以作為有產階級的嗎啡、椰子酒；無產階級的人是只好永流一生的血汗。無原則的非暴力的宣傳是現時代的最大的毒物」。受陳、郭二人的影響，泰戈爾來華之後，不是只有鮮花和掌聲，還雜有抗議之聲。

此年春季，梁啟超又在南開大學講學，日日埋頭整理《中國近三百年學術史》中的

〈清代學者整理舊學之總成績〉一章，「百事俱廢」。四月因泰戈爾來華，梁啟超才離開飲冰室來到北京。梁啟超寫信告知已回北京的長女梁思順，說「我提前一日入京，准星期四早車來，下車即到太平湖，中飯可以飭車來接，並告二叔及思成」（民國十三年四月廿一日〈與順兒書〉）。

四月十八日，梁啟超三十多年的摯友夏曾佑去世，梁啟超非常悲傷，於二十三日撰成〈亡友夏穗卿先生〉一文並致信張元濟，言因夏曾佑與《東方雜誌》關係極深，希望登載。同時，梁啟超告知張元濟自己〈清代學者整理舊學之總成績〉已成稿，也希望登載在《東方雜誌》：

> 頃著有〈清代學者整理舊學之總成績〉一篇，本清華講義中一部分，現在欲在《東方雜誌》先行登出，因全書總須一年後方能出版。但原文太長，大約全篇在十萬字以外，不審與《東方》編輯體例相符否？此文所分門類：一、經學；二、小學及音韻學；三、校注古字；四、辨偽書；五、輯佚書；六、史學；七、方志；八、譜牒；九、目錄學；十、地理；十一、天算；十二、音樂；十三、金石；十四、佛學；十五、編類書；十六、刻叢書；十七、筆記；十八、文集；十九、官書；二十、譯書。每類首述清以前狀況，中間舉其成績，末自述此後加工整理意見。搜集資料所費工夫真不少。我個人對於各門學術的意見，大概都發表在裡頭，或可以引起青年治學興味，頗思在雜誌上先發表，徵求海

內識者之批駁及補正，再泐為成書。若雜誌可登，欲要求每期登兩萬言以上，不審吾兄及《東方》編輯諸君意見如何？今先寄上經學、小學、音韻學之一部分，若謂可登，請即複書，當別為小序一篇，冠於首也。

八月十二日，梁啟超給朋友蹇念益的信中提到，妻子李蕙仙病情加重，已經不能離人，長女思順有三個孩子，因為照顧兩頭已經病倒了，而王桂荃當時即將臨盆，所以希望梁思成歸國陪伴母親。李蕙仙患的是乳癌，八年前曾在長女的陪伴下在馬尼拉成功做了手術，如今復發，已經無法再進行手術。早在四月時思順夫婦回國，就在北京租了房子以便照顧母親。

八月二十四日，梁啟超幼子梁思禮出生，後來深受梁啟超疼愛，被稱為「老Baby」、「老白鼻」。

到了仲秋，九月十三日，梁夫人李蕙仙終是不治而卒。梁啟超悲痛萬分，撰寫〈悼啟〉一文：

悼啟者，先室李夫人，實貴築京兆公諱朝儀之季女。累代清門，家學劭茂。夫人以同治己巳生於永定河署，幼而隨任京畿山左。京兆公薨於位，乃全眷返家園。光緒己丑，尚書苾園先生諱端棻主廣東鄉試，夫人從兄也。啟超以是年領舉，注弟子籍，先生相攸，結婚媾焉，於是夫人以二十三歲歸於我。啟超故貧，瀕海鄉居，世代耕且讀，數畝薄田，舉家躬耘獲以為恒。夫人以宦族生長北地，嬪炎鄉一農家子，日親井臼操作，未嘗有戚容。夫人之來歸也，先母見背既六年，先繼母長於夫人二歲耳。夫人愉愉色養，大得母歡，篤愛之過所生。戊戌之難，啟超亡命海外，夫人奉翁姑，攜弱女，避難澳門，既而隨先君省我於日本，因留寓焉。啟超素不解治家人生產作業，又奔走轉徙，不恒厥居，惟以著述所入給朝夕。夫人含辛茹苦，操家政，使仰事俯畜無饑寒。自奉極刻苦，而常撙節所餘，以待賓客及資助學子之困乏者，十餘年間，心力蓋瘁焉。

夫人厚於同情心而意志堅強，富於常識而遇事果斷，訓兒女以義方不為姑息。兒曹七八人，幼而躬自授讀。稍長，選擇學校，稽督課業，皆夫人任之，啟超未嘗過問也。幼弟妹三人，各以十齡內外依夫人就學，夫人所以調護教督之者無不至。先姊早世，遺孤甥趙瑞蓮、瑞時、瑞敬三人，外家諸侄李桂姝、續忠、福鬘，皆蚤喪母，夫人並飲食教誨之如己子，諸甥侄亦忘其無母也。啟超自結婚以來，常受夫人之策厲襄助，以粗自樹立。蚤歲貧，無所得書，夫人輒思所以益之。記廿一歲時所蓄竹簡齋石印《二十四史》，實夫人嫁時簪珥所易也。中歲奔走國事，屢犯險艱，夫人恒引大義鼓其勇。洪憲之難，啟超赴護國軍，深夜與夫人訣，夫人曰：「上自高堂，下逮兒女，我一身任之。君但為國死毋反顧也。」辭色慷慨，啟超神志為壯焉。至其平日操持內政，條理整肅，使啟超不以家事嬰心，得專其力於所當務，又不俟言也。

嗚呼！天佑不終，奪我良伴，何其速耶！何其酷耶！夫人體氣至強，一生無病。民國四年冬，忽患乳癌。乳癌，諸病中最酷毒者，全世界醫家迄今未得其病因及救治法，惟恃割治，割必復發，發至不能割，則束手焉。夫人自得病以來，割既兩度，今春再發，蔓及項肋之際，與血管相接，割無所施，沉綿半年，卒以不起。然夫人性最能忍，雖痛苦至劇，猶勉自持。兒子思成、思永卒業清華學校，屬當適美留學，戀戀不欲行。夫人慮其失學，揮之使去，曰：「吾病無害，能待汝曹歸也。」嗚呼！孰謂竟與其愛子長別耶！夫人夙倔強，不信奉任何宗教，病中忽皈依佛法，沒前九日，命兒輩為誦《法華》。最後半月，病入腦，殆失痛覺，以極痛楚之病而沒時安隱，顏貌若常，豈亦有夙根耶！哀悼之餘，聊用慰藉而已，略陳行誼，不敢溢美。海內君子，寵以哀誄，俾塞兒曹哀思，不勝大願。

這篇文章簡述了李蕙仙的一生，記述了李蕙仙的生平美德以及梁啟超失去夫人後的傷痛，夫妻間的深情厚意，流淌在字裡行間。

夫人去世之後，梁啟超陷在痛苦之中，他在十二月三日為北京《晨報》紀念增刊所寫〈苦痛中的小玩意兒〉一文裡，自述這年的苦痛：

《晨報》每年紀念增刊，我照例有篇文字，今年真要交白卷了。因為我今年受環境的酷待，情緒十分無俚，我的夫人從燈節起臥病半年，到中秋日奄然化去，他的病極人間未有之痛苦，自初發時醫生便已宣告不治，半年以來，耳所觸的，只有病人的呻吟，目所接的，只有兒女的涕淚。喪事初了，愛子遠行，中間還夾著群盜相噬，變亂如麻，風雪蔽天，生人道盡，塊然獨坐，幾不知人間何世。哎，哀樂之感，凡在有情，其誰能免？平日意態活潑與會淋漓的我，這回也嗒然氣盡了……。

第十一章

婉拒段憲法起草會，樂意受聘清華導師

乙丑（一九二五），梁啟超五十三歲。

一月，孫中山指示國民黨中央向全黨下令，抵制段祺瑞籌劃的善後會議。

三月，段祺瑞發起憲法起草會，邀請梁啟超贊襄其事，梁啟超婉言謝絕。三月十二日，孫中山逝世。

四月，梁思順偕妹梁思莊等赴加拿大。

五月，五卅慘案發生，梁啟超寫多篇文章表達抗議。

七月下旬，梁啟超赴北戴河避暑月餘，注《桃花扇》。

九月初，梁啟超出任清華國學研究院導師，主講「中國文化史」。

十月三日（陰曆八月十六日），葬梁夫人李蕙仙於北京西山臥佛寺旁新營墳園。

十一月，梁啟超任京師圖書館館長。

十二月，林長民因郭松齡失敗遇難。

二月一日，不顧孫中山反對，段祺瑞臨時執政府，在北京強行召開善後會議。善後會議實際上就是軍閥的權力分配會議，原定追補的代表一百八十四人，國民黨遵從孫中山先生的指示，抵制之。梁啟超、黎元洪、唐紹儀等人也拒絕參加。

三月十二日，孫中山在位於鐵獅子胡同的中山行館中逝世，享年六十歲。消息傳出，舉國哀痛。十九日，家屬及部分國民黨黨員，將孫中山靈柩移往中央公園社稷壇。十二萬北京民眾，站立街道兩旁，恭迎移靈隊伍。自二十四日起，社稷壇舉行公祭。段祺瑞應諾前去致祭，但不敢前往，只派內務總長龔心湛代祭，氣得李烈鈞大罵：「死總理嚇死了段執政！」後來前往弔唁的民眾達到七十四萬五千人次。四月二日，孫中山靈柩移往西山碧雲寺。

三月十四日，梁啟超至中山行館弔唁，由汪精衛等人招待。三月十八日的《申報》記載如下：

> 梁問孫先生病逝時情形，汪即略述梗概，並謂：先生自十一日夜半以後，已不能為有連貫的發言，惟斷斷續續，以英語或粵語及普通語呼「和平」、「奮鬥」、「救中國」等語，梁極感歎，謂：此足抵一部著作，並足貽全國人民以極深之印象也。
>
> 時有黨員問：昨日《晨報》所載足下論「先生為目的不擇手段」等語，作何解釋？
>
> 梁謂：此僅慨歎中山先生目的之未能達到。黨員尚欲繼續質問，汪謂：梁君弔喪而

來，我們如有辯論，可到梁君府上，或在報上發表。

黨員始無言而退。

四月，長女梁思順的丈夫周希哲任駐加拿大領事，攜全家出國赴任，當時梁思莊十七歲了，思順將她帶到加拿大讀書。姐妹倆走後，梁啟超心裡難過。

「寶貝思順、小寶貝莊莊：你們走後，我很寂寞。當晚帶著忠忠聽一次歌劇，第二日整整睡了十三個鐘頭才起來，還是無聊無賴，幾次往床上睡，被阿時、忠忠拉起來，打了幾圈牌，不到十點又睡了，又睡十個多鐘頭。思順離開我多次了，所以倒不覺怎樣；莊莊這幾個月來天天挨著我，一旦遠行，我心裡著實有點難過。」（民國十四年四月十七日〈與思順、莊莊書〉）她們當時都不知道，這一走，與父親竟是永別。

「你們到溫那天，正是十五，一路上看著新月初生直到圓時，諒來在船上不知唱了多少次『江上何人初見月，江月何年照初人』了。我晚上在院子裡徘徊，對著月想你們，也在這裡唱起來，你們聽見沒有？我多少年不做詩了，君勱的老太爺做壽，我忽然高興，做了一首五十五韻的五言長古，極其得意，過兩天抄給你們看。」（民國十四年五月九日〈與思順、思成、思永、思莊書〉）

五月一日，第二次全國勞動大會在廣州召開，會上通過了《中華全國總工會章程》，成立了由共產黨領導的中華全國總工會。林偉民任委員會，劉少奇副之。

因日商槍殺工人顧正紅，五月三十日，中共上海地委發動五卅反帝大示威。學生在租界發傳單，發表講演，進行反帝宣傳，被老閘巡捕房扣留。近萬人聚集在巡捕房門口，要求釋放被捕學生，英巡捕房開槍射殺了十三人，傷十人，拘捕五十三人。

當晚，中共中央召開緊急會議，決定發動上海商人罷市、工人罷工、學生罷課。罷工的工人就達到十八萬人。很快，五卅運動由上海蔓延至全國，近二十座城市舉行「三罷」運動，聲援上海罷工工人。

五卅慘案發生後，梁啟超立即與朱啟鈐、李士偉、丁文江等人聯合發表共同宣言，登載於六月的《申報》。共同宣言聲討帝國主義，支持工人運動：

> 要使得目前緊張的局面不再增加，我們希望兩方面應該注意以下的步驟：（一）希望北京有關係的外國使館趕緊訓令上海領事團通告工部局，對於徒手的市民不再用武器，並且不靠武器的力量處置目前嚴重的局面。（二）希望上海市民始終保持穩健同有秩序的態度，不拿他們生命肢體再冒危險，而且不令將來有責任的機關用和平手段來解決時，增加困難。（三）雙方當局應該立刻派公正的中外代表共同組織委員會，會同自由調查殺傷人的實在情形，來決定責任究竟在誰人身上，並作一個報告，作為解決這件事的根據。同時應該承認如果殺傷的行為照世界公認的法律原則的公斷不是必要的，那麼對於此案應有充分的處分。為使前項步驟得達我們所希望的效果起見，深望駐京有關係國的使館，希本坦

白的心來應付上海的現狀，將此項慘案的責任問題，留待上文提議的公平自由調查的辦法來確定。

梁啟超還連續寫了〈為滬案敬告歐美朋友〉、〈我們該怎麼樣應付上海慘殺事件〉、〈趕緊組織「會審兇手」的機關啊〉、〈滬案交涉方略敬告政府〉、〈對歐美友邦之宣言〉、〈談判與宣戰〉、〈答北京大學教職員（滬案）〉、〈致段執政書（滬案）〉等文章，為當時文化界寫批判文章最多且有力量者。這些文章支持工人運動，指斥洋人殺人罪行，表現了一位文人的良知和道義。

三月，段祺瑞發起憲法起草會，曾經邀請梁啟超贊襄其事，被梁啟超婉拒。五月初，梁啟超離開飲冰室赴京，段祺瑞的善後會議閉幕。他萬萬沒想到自己拒不參加的憲法起草會，居然選他當了會長，他自然拒絕。不料沒過幾天，合肥派姚震來到天津飲冰室，帶來一封親筆信，言辭懇切。梁啟超再三力辭，但姚震哀求了三個鐘頭，說段祺瑞說：「一次求不著，就跑兩次、三次、五次天津，要答應才罷。」梁啟超幾乎鬆口答應，勉強說同意考慮考慮。然後，梁啟超立刻致電致函京滬的幾位摯友，商量其事，因為覺得不答應就像絕交一樣。到第二天早上，梁啟超覺得自己糊塗了，決定無論如何要拒絕。果然，隔了一天，京中的蹇念益、林志鈞等人和天津的丁文江都表示反對，上海的蔣百里、張君勱、張東蓀也來電來函表示反對。最終，梁啟超「細思，已決定非堅拒不可」（民國十四年五月七日〈致藻孫書〉），但又考慮到交情，「至憲法內容，我當私草一案，以備參考云云。詞甚婉轉，而甚堅決，或能就此了結，亦不至大傷交情也」（民國十四年五月八日〈致季常先生書〉）。此事到此塵埃落定。

在這極複雜的政治局面下，堅持正義，並不是一件容易的事，梁啟超守住了清白。

六月二日，中華圖書館協會舉行成立儀式，總事務所設在北京，前期設董事部和執行部，第一任董事部部長為梁啟超，書記為袁同禮（字守和）。四月二十五日，中華圖書館協會成立，梁啟超提供了幫助。「數日前袁同禮君來言，欲借第二館房屋數間，為中華圖書館協會暫設事務所。竊計此事無法拒絕，且亦不必拒絕，已許之矣。忘卻報告，想公及諸幹事當無異議也。」（民國十四年五月八日〈致季常先生書〉）梁啟超在成立會演講詞中提到中華圖書館協會應該負起兩種責任：「第一，建設『中國的圖書館學』。第二，養成『管理圖書館人才』。」

是年初夏，飲冰室園內樹茂草碧，梁啟超忽有詩興，所賦甚多。六月二十二日，梁啟超致信胡適並附詞〈沁園春〉：

> 頃為一小詞，送故人湯濟武之子遊學。此子其母先亡，一姊出家，更無兄弟，孤子極矣。即用公寫法錄一通奉閱，請一評，謂尚要得否？下闋莊語太多，題目如此，無法避免，且亦皆心坎中語也。

沁園春 送湯佩松畢業遊學

可憐！阿松：
萬恨千憂，
無父兒郎。
記而翁當日，
一身殉國，
血橫海嶠，
魂戀宗邦。
今忽七年，
又何世界？
滿眼依然鬼魅場！
泉臺下，
想朝朝夜夜，
紅淚淋浪。
松！
已似我長；

學問也爬過一道牆。
念目前怎樣，
腳根立定？
將來怎樣，
熱血輸將？
從古最難，
做「名父子」，
松！
汝篏心謹勿忘！
汝行矣！
望海雲生處，
老淚千行。

過了幾天，梁啟超又致信胡適附詞兩首：

昨寄稿〈相見歡〉中「菖蒲」應改作「石蒲」，蓋所養者盆中蒲草也，若菖蒲則開花不足奇矣。又數日前更有小詞數首，並寫呈。

一、好事近

籍亮儕病中賦詩索和，其聲哀厲，作小詞以廣之。

千古妙文章，
只有一篇〈七發〉。
侈說「驚濤八月」，
又「怪桐百尺」。
「主人能強起學乎」？
「僊矣！謹謝客」。
幾句「要言妙道」，
恰霍然病失。
咄咄臭皮囊，
偏有許多牽掣！
哄動文殊大士，
到維摩丈室。
多生結習滿身花，
天女漫饒舌。

一喝耳聾之後，
　看有何言說？

二、西江月

癸亥端午前三日，師曾以畫扇見詒，畫一宜興茶壺，媵以小詞，蓋絕筆矣。檢視摩挲，追和此解，泫然欲涕。

憶得前年此日，
陳郎好畫剛成。
忽然擲筆去騎鯨，
撇下一壺茶冷！
摘葉了無葉相，
團泥那是泥形？注一
「虛空元自沒虧盈」，注二
此意而翁能領。

注一：原詞云：摘葉何須龍井，團泥不必宜興。

注二：散原先生原句。

七月三日，梁啟超又致信胡適，探討了詩詞的韻律問題：

兩詩妙絕，可算「自由的詞」。〈石湖詩書後〉那首，若能第一句與第三句為韻——第一句仄，第三句平，則更妙矣。去年八月那首「月」字和「夜」字用北京話讀來算有韻，南邊話便不叫了。廣東話更遠。念起來總覺不嘴順。所以拆開都是好句，合誦便覺情味減。這是個人感覺如此，不知對不對？

我雖不敢說無韻的詩絕對不能成立，但終覺其不能移我情。韻固不必拘定什麼《佩文齋詩韻》、《詞林正韻》等，但取用普通話念去合腔便好。句中插韻固然更好，但句末總須有韻。自然非句之末，隔三幾句不妨。若句末為語助詞，則韻挪上一字。如匪報也，永以為好也。我總盼望新詩在這種形式下發展。

拙作〈沁園春〉過拍處試如尊論，犯復。俟有興，當更改之，但已頗覺不易。

又有寄兒曹三詞寫出呈教。乞賜評。公勿笑其舐犢否？

新詩是否應有韻，自新文化運動中新詩誕生以來，如郭沫若〈女神〉詩，胡適的白話詩等，便一直爭論不休。梁啟超與胡適關於詩韻的探討，怕也難以統一。筆者以為，新詩中最有影響力、得風流者，有韻者為多。如《詩經》誕生到唐宋詩詞，乃至元曲，有韻是一貫傳統。《尚書・舜典》說：「詩言志，歌永言，聲依永，律和聲。」律和聲，就是要有韻律。

梁啟超提倡寫新詩要講究韻，是詩之自身的特性，值得重視。

七月下旬，酷暑難耐，每到此時，梁啟超照例到北戴河避暑。在北戴河，他們原本借住章宗祥的別墅。別墅在東山，占地十多畝，建在高坡上，下三十五級階石才到平地，平地處有一座球場。別墅門前直臨海濱，能夠居住的房子有八間，開間很大，工料堅固，傢俱也齊備堅實。章宗祥因用錢著急出售，索價一萬一千元。梁啟超與孩子們商量後，買下此別墅。

此處可以說說梁啟超的收入情況。乙丑年，除了支持孩子求學和供應家裡生計，梁啟超買別墅，支付梁夫人李惠仙「墳園工程」一千兩百多元。因為想著自己百年後跟妻子合葬，梁啟超買了一大片土地建墳園。即使如此，「家計總算很寬裕，除中原公司外，各種股份利息都還照常。執政府每月八百元夫馬費，已送過半年，現在還不斷。商務印書館售書費兩節共收到將五千元。從本月起清華每月有四百元。預計除去各種臨時支出——如辦葬事，修屋頂，及寄美洲千元等——之外，或者尚有敷餘」（民國十四年八月三日〈給孩子們書〉）。

在北戴河的日子，「在此雖然甚閒，卻也似甚忙」，梁啟超注完了一部《桃花扇》。

政治與味並不減少，只是並沒有妨害著述事業。到北戴河以來，頑的時候多，著述成績很少，卻已把一部《桃花扇》注完，很有趣……

一天，我聽見人說離此約十里地方釣魚最好。我回來說給孩子們聽，他們第二天一定就要去。我看見天色不好，有點沉吟，他們卻已預備齊全了，牽率老夫只好同去。還沒有到目的地，便下起小雨來，只好硬著頭皮說「斜風細雨不須歸」。哪裡知道跟著便是傾盆大雨。七個人在七個驢子上，連著七個驢夫，三七二十一件動物，都變成落湯雞，回來全身衣服絞出一大桶水。你說好笑不好笑？幸虧桂兒們沒有在此，不然一定也著了。我們到底買得兩尾魚，六個大螃蟹，就算凱旋。（民國十四年八月十六日〈與順兒書〉）

早在二月時，吳宓作為清華國學研究院籌備主任，赴天津謁見梁啟超，梁表示「極樂意前來」。一九一四年梁啟超就曾在清華做過〈君子〉演講，引述了《易經》中「天行健，君子以自強不息；地勢坤，君子以厚德載物」來闡述「君子」，並對清華學子提出期望，「清華學子，薈中西之鴻儒，集四方之俊秀，為師為友，相蹉相磨，他年遨遊海外，吸收新文明，改良我社會，促進我政治，所謂君子人者，非清華學子，行將焉屬」。「自強不息，厚德載物」此後寫進了清華校規。

吳宓請梁啟超做院長，梁啟超謙虛辭讓，並舉薦王國維（字靜安）為首席導師，自己甘居其後。後來，梁啟超與陳寅恪、趙元任被並稱清華「四大導師」。

為了辦好國學院，梁啟超早早做好準備「而研究院事屬草創，開學前有種種布置，一到七月非長川住院不可。若在會中掛名不出席，固非我所願，亦非公所望，而七月後我已無法擔任。院事由我提倡，初次成立，我稍鬆懈，全域立散，我為自己信用計，為良心命令計，斷不能舍此就彼，此事實上無可如何，實辜負盛意。」（民國十四年五月八日〈致季常先生書〉）

九月八日，梁啟超從天津飲冰室暫搬到北京清華園，入住北院教員住宅第二號，開啟了從事教育、專注學術的新階段。

九月十一日，梁啟超就做了〈學問獨立與清華第二期事業〉的演講並與清華研究院同學談話，隔天又做了〈指導之方針及選擇研究題目之商榷〉的演講。

剛到清華任教，梁啟超不是很適應。九月十三日，梁啟超撒嬌式地寫了一封信向長女梁思順訴苦：

> 我搬到清華已經五日了。住北院教員住宅第二號。因此次乃自己租房住，不受校中供應，王姑娘又未來，因待送司馬懿入學。廷燦又圍困在廣東至今未到，我獨自一人住著不便極了。昨天大傷風，連夜不甚睡得著。有點發燒，想洗熱水澡也沒有，找如意油、甘露茶也沒有，頗覺狼狽，

今日已漸好了。王姨大約一二日也來了，以後便長住校中，你們來信可直寄此間，不必由天津轉了。

校課甚忙——大半也是我自己找著忙——我很覺忙得有興會。新編的講義極繁難，費的腦力真不少。盼望老白鼻快來，每天給我舒散舒散。

其間，還有多所學校想請梁啟超擔任校長，他一個都沒有擔任。

此乃研究院初辦，百事須計畫，又加以他事，故致如此耳。十日半月後當然逐漸清簡，汝等不必以我過勞為慮也。

日來許多「校長問題」，糾纏到我身上，亦致忙之一。師大不必論，教職員、學生、教育部三方面合起來打我的主意。北大與教部宣戰，教部又欲以我易蔡，東南大學則教部、蘇省長、校中教員、學生，此數日內又迭相強迫。北大問題最易擺脫，不過一提便了。現在師大、東大尚未肯放手。我惟以極誠懇之辭堅謝之，然即此亦費我時間不少也。

（民國十四年九月二十日〈與思順等書〉）

梁啟超因上午講課，下午專注著述，決定閉門謝客。九月三十日，《晨報》刊出〈梁啟超啟事——告訪客〉：

鄙人在清華學校每日上午皆有講課，城內親友乞勿以其時見訪，致徒勞遠涉，不克拱迓。又下午亦忙於著述，見訪者如非有特別事故，請以坐談十五分鐘為度。諸乞原諒。

九月二十八日，梁啟超花了一天時間撰寫〈亡妻李夫人葬畢告墓文〉，這一年多來，他一直「哀痛之極，悔恨之極」，此文讓他覺得把「一年多蘊積的哀痛，盡情發露」。

順、成、永、莊：

我昨日用一日之力，做成一篇告墓祭文，把我一年多蘊積的哀痛，盡情發露。順兒啊，我總覺得你媽媽這個怪病，是我們打那一回架打出來的。我實在哀痛之極，悔恨之極，我怕傷你們的心，始終不忍說，現在忍不住了，說出來也像把自己罪過減輕一點。我經過這幾天劇烈的悲悼，以後便刻意將前事排去，決不更傷心，你們放心罷。

祭文本來該焚燒的，我想讀一遍，你媽媽已經聽見，不如將原稿交你保存。將來可裝成手卷。你和莊莊讀完後，立刻抄一份寄成、永傳觀，《晨報》已將稿抄去，如已登出，成、永便得見，不必再抄了。十月三日補寫。過些日子我有空還打算另寫一份寄思成。葬禮一切都預備完成了。王姨今日晚車返天津，把達達們帶來。十五清晨行周忌祭禮，十點鐘發引，忠忠一人扶柩，我們都在山上迎接。在山上住一夜，十六日八點鐘安葬。（民國十四年九月二十九日〈與思順、思成、思永、思莊書〉）

梁啟超對此祭文比較滿意，他說「我的祭文也算我一生好文章之一了。情感之文極難工，非到情感劇烈到沸點時，不能表現他（文章）的生命，但到沸點時又往往不能作文。即如去年初遭喪時，我便一個字也寫不出來。這篇祭文，我做了一天，慢慢吟哦改削，又經兩天才完成。雖然還有改削的餘地，但大體已很好了。其中有幾段，音節也極美，你們姊弟和徽音都不妨熟誦，可以增長性情」（民國十四年十月三日〈與思順、思成、思永、思莊書〉）。

君舍我去，我何賴焉？我德有闕，君實匡之；我生多難，君扶將之；我有疑事，君榷君商；我有賞心，君寫君藏；我有幽憂，君使康；我勞於外，君煦使忘：我唱君和，我揄君揚。今我失君，只影徬徨！

……

月兮，月兮，為誰圓？中秋之月兮，照人棄捐！嗚呼，中秋月兮，今生今世與汝長棄捐——

年年此夜，碧海青天。嗚呼哀哉！有懷不極，急景相催。寒柯辭葉，斜徑封苔。龍蛇素旐，蝴蝶紙灰。殘陽欲沒，靈風動哀。百年此別，送君夜臺！塵與影兮不可見，羌蜷局兮余馬懷。五里一反顧，十里一徘徊。嗚呼！人生兮略交蘆，因緣散兮何有？愛之核兮不滅，與天地兮長久。「碧雲」兮自飛，「玉泉」兮常溜；「臥佛」兮一臥千年，夢裡欠伸兮微笑。鬱鬱兮佳城，融融兮隧道，我虛兮其左，君領兮其右。海枯兮石爛，天荒兮地老，君須我兮山之阿！行將與君兮於此長相守。

是年八月始，至葬禮完成，梁啟超給在國外的子女寫了十多封長信，事無鉅細地將夫人李蕙仙的葬禮說了一遍，由此後人可知建墓、葬禮的諸多細節。

五月，「靈柩瓷灰已上過了，現在就上光漆，大約一月內完工了」（民國十四年五月一日〈與順兒書〉）。

八月十六日，「今日墳園動工了，我打算就用周忌日下葬。不知工程能趕及否，但稍遲也無妨」（民國十四年八月十六日〈與順兒書〉）。

葬期確定在十月三日，「舊曆八月十六，即周忌之次日」（民國十四年九月三日〈與順兒書〉）。

梁啟超的弟弟梁啟勳天天在山上監工，非常勤勞，梁啟超時時寫信告知孩子們要感謝二叔。「葬期距今僅有二十天了。你二叔在山上住了將近一月，以後還須住一月有奇，住在一個小館子內，菜也吃不得，每天跑三十里路，大烈日裡在墳上監工。從明天起搬往香山見心齋住（稍微舒服點），但離墳更遠，跑路更多了。這等事本來是成、永們該做的，但他們現在都在遠，忠忠又為校課所迫，不能效一點勞，倘若沒有這位慈愛的叔叔，真不知如何辦得下去。我打算到下葬後，叫忠忠們向二叔磕幾頭叩謝。你們雖在遠，也要各各寫一封信，懇切陳謝。」（民國十四年九月十三日〈與思順書〉）

九月二十日，梁啟超親自赴墓次巡視，見「開壙深至二丈，而土質乾燥細軟，覺雖生人居此亦甚適，真佳城也」。這是一個雙塚合葬墓，梁啟超打算百年後開壙與李蕙仙合葬，他寫信叮囑孩子要留心記著。「壙內雙塚，你媽媽居右，我居左。雙塚中間隔以一牆，牆厚二尺餘，即由所謂新灰煉石者製成。牆上通一窗，丁方尺許。今日下葬後，便用浮磚將窗堵塞。二叔說到將來我也到了，便將那窗的磚打開，只用紅綢蒙在窗上。」（民國十四年十月三日〈與思順、思成、思永、思莊書〉）

墓園建設非常順利，如有神助，「據包工人說，當初定合同時正愁附近無地覓整塊佳石，姑且承應，徐圖設法，不料合同簽定後即晚大雷，將前山一大石岩震下，材料恰敷我家工程之用，該石工欲拾其餘應他工，待用下來則除我家所需者更無餘云云，工人謂我家有天助，彼輩做工更不敢不勤慎」。墓園風景也精心設計，「墓頂環一圓圈，滿植松柏，墓道兩行松柏，與馬纓花相間，圍牆四周滿植楓樹，園內分植諸果及雜花，外院種瓜蔬」（民國十四年九月廿一日〈與思順、思成、思永、思莊書〉）。

葬前在廣惠寺作佛事三日。十月二日，「八點鐘行周年祭禮，九點鐘行移靈告祭禮，九點二十分發引，從兩位舅父及姑丈起，親友五六十人陪我同送到西便門（步行）。時已十一點十分（沿途有員警照料），我們先返，忠忠、達達扶柩赴墓次。二叔先在山上預備迎迓（二叔已經半月未下山了）。我回清華稍憩，三點半鐘帶同王姨、懿、寧、禮赴墓次。直至日落時忠等方奉柩抵山。我們在甘露旅館一宿，思忠守靈，小六、煜生陪他一夜。有員警四人值夜邏巡，還有工人十人告奮勇隨同陪守」。雖然葬禮並未通知親友，但會葬者多達一百五六十人，「各人皆黎明從城裡乘汽車遠來，汽年把臥佛寺前大路都擠滿了。祭席共收四十餘桌，送到山上的且有六桌之多，盛情真可感」（民國十四年十月三日〈與思順、思成、思永、思莊書〉）。

十月三日晨七點三十五分，移靈入壙，從此李蕙仙音容永絕。

此次「葬事共用去三千餘金」，後來又買了兩個舊碑石，很便宜，但運費極貴。「葬畢後忽然看見有兩個舊碑很便宜，已經把他買下來了。那碑是一種名叫漢白玉的，石高一丈三，闊六尺四，厚一尺六，駝碑的兩隻石龜長九尺，高六尺。新買總要六千元以上，我們花六百四十元便買來了。初買得來很高興，及至商量搬運，乃知丫頭價錢比小姐闊的多。碑共四件，每件要九十匹騾，才拖得動，拖三日才能拖到，又卸下來及豎起來，都要費莫大工程。」（民國十四年十一月九日〈給孩子們書〉）所以葬事連買碑總共用了「四千五百餘」，用光了梁啟超的存錢，梁啟勳也墊了錢。

十一月五日，中華教育文化基金董事會與北洋政府教育部協商合辦的京師圖書館成立，館址在方家胡同。京師圖書館任命梁啟超、李四光為正副館長。梁啟超等人很早就呼籲創辦新型圖書館。一八九五年五月，康有為、梁啟超在公車上書中建議：「州、縣、鄉、鎮，皆設書藏，以廣見聞。」同年七月，梁啟超與康有為在北京組織強學會，同時籌設強學會書藏。京師圖書館於一九〇九年開始籌建。一九一六年底梁啟超發起創辦松坡圖書館，一九二五年擔任京師圖書館館長，一九二六年還擔任北京圖書館館長。後來，北京圖書館、松坡圖書館併入北平圖書館，是如今中國國家圖書館的前身。

梁啟超上任不久，十二月二十日就致信副館長李四光、圖書部長袁同禮，談為圖書館購書的設想：「購書事日本方面不可忽略，弟意欲將彼國研究中國史及佛教之書，先行搜羅。最要者為幾種專門雜誌，最好能自第一號搜起，購一全份……不審兩兄有日本熟書坊可以委託否？望留意。」

然而年末傳來噩耗，十二月二十四日，林長民因參加反張作霖戰爭，中流彈身亡，年僅五十。「系中流彈而死，死時當無大痛苦」，「遺骸已被焚燒，無從運回了」，「徽音的娘，除自己悲痛外，最掛念的是徽音要急煞」，梁啟超致信梁思成，告知兒子和兒媳不要著急，自己會努力想辦法，「目前家境已難支持，此後兒女教育費更不知從何說起。現在唯一的辦法，僅有一條路，即國際聯盟會長一職，每月可以有兩千元收入（錢是有法拿到的）」，「徽音學費現在還有多少，還能支持幾個月，可以立刻告我，我日內當極力設法，籌多少寄來。我現在雖然也很困難，只好對付一天是一天」（民國十五年一月五日〈與思成書〉）。

一個月後，梁啟超致信張國淦，請為林長民募集賑款：「宗孟慘變，凡屬親知，莫不失聲哀悼。彼身後不名一錢，孀稚滿堂，粥且無以給，非借賑金稍微接濟，勢且立瀕凍餒。」「擬努力為集兩萬金，但恐不易辦到，不得不多為其途。公計當有何處能設法耶？」

在外交界聲名顯赫的林長民，遇難後家境如此淒苦，讓人痛哉。

第十二章

被摘右臂卻大度處之，身兼三圖書館之長

丙寅（一九二六），梁啟超五十四歲。

一二月間，梁啟超患便血病甚劇，入北京德國醫院醫治，三月轉入協和醫院，被割右腎。

三月，梁啟超任北京圖書館館長，美國耶魯大學贈梁啟超名譽博士。

七八月，梁啟超避暑北戴河，因遇險返天津飲冰室。

秋冬間，梁啟超接辦司法儲才館。

九月二十六日，梁啟超最後一個孩子出生。

十二月，梁啟超病體漸痊，忙於講學、著述、演講，處理三館事務。

是年二月，梁啟超因便血住進了醫院。「我從昨天起被關在醫院裡了。看這神氣，三兩天內還不能出院，因為醫生還沒有找出病源來。我精神奕奕，毫無所苦。醫生勸令多仰臥，不許用心，真悶殺人……入醫院今已第四日了，醫生說是膀胱中長一疙瘩，用折光鏡從溺道中插入檢查，頗痛苦，已照過兩次，尚未檢出。」（民國十五年二月十八日〈給孩子們書〉）

梁啟超住院期間，時局仍然混亂，軍閥混戰。直魯結成聯盟，張作霖宣布與段祺瑞一刀兩斷，兵戎相見。那天，王桂荃送梁思達回天津寓所，下半天就聽說京津路又不通了。

醫院的檢查終歸有了結果，膀胱裡無病，醫生當作血管破裂治療。因為報紙報導梁啟超住在東交民巷的德國醫院，每日來探病者絡繹不絕。中國醫生都說梁啟超只須幾服藥便好，但最終三月七日梁啟超住進了協和醫院三〇四號房。

三月十日（陰曆正月二十六日），是梁啟超五十四歲壽誕，病房裡堆滿了朋友和孩子們送來的鮮花和賀信。醫生給梁啟超「灌了一杯蓖麻油」，叮囑禁止吃晚飯。他在病床上置一活動木板，權且當書桌，在病床上臨帖自娛。

梁啟超的弟弟梁啟勳後來在《病床日記》中詳細記述了梁啟超在協和醫院治療的經過：「先入德國醫院，由克里大夫檢查，結果不能斷定病原所在。因改入協和醫院，由協和泌尿科諸醫檢驗，謂右腎有黑點，血由右邊出，即斷定右腎為小便出血之原因。」藉由X光透視，醫生發現他的右腎有一個小黑點，多位專家診斷後，一致認為是腫瘤，且是導致尿血症的病因。三月十六日，梁啟超接受手術，切除了右腎。

四月十二日，梁啟超出院回家，術後「小便尚偶爾帶紅，細驗似由走動所致（兩次皆因散步稍久），大抵仍是微絲血管破裂，只須不磨擦，便能平復也」（民國十五年四月十九日〈給孩子們書〉）。

不過，梁啟勳發表的《病床日記》惹起了風波。《現代評論》、《社會日報》等北京報紙攻擊協和醫院，甚至引起了中西醫之爭論。

梁啟超私底下說：

總之，這回手術的確可以不必用，好在用了之後身子沒有絲毫吃虧，唐天如細細診視，說和從前一樣。只算費幾百塊錢，挨十來天痛苦，換得個安心也還值得。現在病雖還沒有清楚，但確已好多了，而且一天比一天好，或者是協和的藥有效，現在還繼續吃。或者是休息的效驗，現在還不能十分休息，正在將近畢業，要細閱學生們成績。半月後到北戴河去，一定更好了。（民國十五年六月五日〈與順兒書〉）

但是，梁啟超在《晨報》副刊發表了一篇短文，維護協和醫院，這非常人所能為。正如清陳恭尹〈贈餘鴻客〉詩中所說：「眼前得喪等煙雲，身後是非懸日月。」

三月，北洋政府無力履行合辦契約，中華教育文化基金董事會在北海獨立籌建北京圖書館，仍聘請梁啟超為館長。從此，梁啟超成為三館之長。

梁啟超出院不久，聽說上海東方圖書館計畫收購蔣氏密韻樓的藏書，立刻寫信給張元濟，請求將藏書中的複本轉讓給北京圖書館：

聞東方圖書館購取孟蘋蔣氏密韻樓之藏，神往無已。靜生近以中華教育文化基金董事會所創北京圖書館事相付託，用敢專函奉懇，其中倘有複本，而可以見讓者，願為北京圖書館求分一臠，則南北學者，胥渥嘉惠，寧非盛事。敢乞開單見示，不勝企禱之至。東方圖書館書目並乞賜一部，尤願一窺所藏地志也。（民國十五年四月十四日〈致菊生書〉）

六月十八日，梁啟超又致信李四光和袁同禮，談為京師圖書館購書的瑣事：

今日委員會開會，購書費事，結果何如？想無甚異議耶。預算不足之數，請即照弟所擬議，不必遲回，今有一條子交會計科，請交去照辦。周君書讓價最低限度為五千六百元，其書版本尚精，似尚值得，請守公細審後決定。若決購，能於弟離京前辦妥最妙。弟擬二十六日往津。添聘諸員各聘書，希即寄來。夏穗卿先生書目繳上，若此兩單及曲本購成後，今年無復餘力再購中文書矣。所擬價何如，或酌增亦值也。

七月五日，梁啟超再度致信李四光和袁同禮，特別提到日本人對京師圖書館的館藏虎視眈眈，以及著〈公私圖書館小史〉之事：

頗聞日人之東方文化會眈眈於方家舊籍，吾館似不能不乘此時急起直追，兩公謂何如？賤恙迄未輕減，近數日頗有增劇之象，不得已擬試服中藥矣。

〈公私圖書館小史〉一文，曾試著筆，因客居資料不足，且體中不適，遂廢然中止。

同時，梁啟超繼續為京師圖書館的經費而奔走。

前有一書，言京師圖書館事，想已達。此館館長名義至今仍我屍之，然因部中無力履行契約，文化基金董事會所撥經費不能供新舊兩館之需，故方家胡同舊館，僕事實上並未接收，仍由部中原派主任徐君主持。館中國寶甚多，僕屍館長之名，而未舉其實，萬一有疏虞，責將誰卸？半年以來為茲事寢不安席。且美退庚款態度最為光明，全權付與董事會，一切不加掣肘。董事會自行經營之事業，惟在茲館，以全權委諸靜生與我。今以部中無力踐約，致大部分計畫不能進行，對信用失墜，而懷抱文化侵略野心之國家，將益有所藉口，謂中國人任何事業皆不能獨力建設。此於庚款前途影響甚大，不僅僕一人名譽所關而已。（民國十五年八月二十日〈與志清、石青足下書〉）

七、八月間，梁啟超曾到北戴河東山別墅療養，不料在在距車站約十二里之鄉村，八月十四日「海濱有綁票之警」，遊客們全逃走了，梁啟超「亦守垂堂之戒」，於早上全家返回天津飲冰室。軍閥當道，政府只為爭權奪利，不顧民生和文化建設。一介書生梁啟超，忽然說：「國事局面大變，將來未知所屆，我病全好之後，對於政治不能不痛發言論了。」（民國十五年九月四日〈給孩子們書〉）梁啟超多次聲明躲進飲冰室專心著述，遠離政治。但實際上，他從未離開過政治。一個一生都在為改變國家、民族命運，在政治中博弈、沉浮的人，豈會真的躲在青燈古卷中讀書談禪？

九月六日，梁啟超離開飲冰室，七日抵達清華，八日應開學禮講演入城住了五天，十三日返回清華。「王姨奉細婆亦以是日從天津來，我即偕同王姨、阿時、老白鼻同到清華。此後每星期大抵須在城中兩日，餘日皆在清華。」（民國十五年九月十四日〈給孩子們書〉）

在清華不久，王桂荃又給梁啟超生下一個兒子，這是梁啟超最後一個孩子。他在給孩子們的信中說「足夠了」，不想她再生了。

> 昨夜十二時半你們又添一個小弟弟，母子平安。原擬到協和分娩，不意突如其來，昨晚十時我寫完前信便去睡，剛要睡著，王姨忽覺震動，欲命車進城，恐來不及，乃找本校醫生，幸虧醫生在家，是日星期。一切招呼完善，昨日搬家，一切東西略已搬畢，惟睡床未搬，臨時把王姨的床搬過來，剛剛趕得上。僅一個多鐘頭便完事了。你們姊妹弟兄真已不少，我倒很盼他是女孩子，那便姊妹弟兄各五人，現在男黨太

盛了。這是第十個，十為盈數，足夠了。（民國十五年九月二十七日〈給孩子們書〉）

關於王桂荃（一八八六——一九六八）的資料甚少，據說她出生在四川廣元農村，原名王來喜，被轉賣了四次，最後來到貴州李家。梁夫人李蕙仙回老家探親時，將王來喜帶回北京，後來帶到日本。梁啟超為王來喜改名「王桂荃」。不過，梁思達說王桂荃是作為陪嫁使女到梁家的：「王姑娘就是我的生母，我母王桂荃，是四川省廣元縣人氏，原是李侍郎（端棻）的丫鬟，隨我大母李蕙仙作為陪嫁使女到梁家。」（《梁啟超研究》第二期《訪梁啟超四公子梁思達》）

有文章認為，梁夫人李蕙仙為梁啟超納妾，是受了梁氏「夏威夷之戀」的刺激。一八九九年底，梁啟超隨康有為來到美國檀香山，受到僑商的歡迎，一位僑商讓自己的女兒，時年二十的何蕙珍給兩人當翻譯。何蕙珍對梁啟超漸生感情，並托人為媒。但當時維新派主張一夫一妻制，梁啟超拒絕了何蕙珍。何蕙珍居然表示願意做妾，梁啟超動心了，「生出愛戀之念來，幾於不能自持」。他寫信告訴夫人李蕙仙。

有友人來謂余曰：「先生將游美洲，而不能西語，殊為不便，亦欲攜一翻譯同往乎？」余曰：「欲之，然難得妥當人。」友人笑而言曰：「先生若志欲學西語，何不娶一西婦曉華語者，一面學西文，一面當翻譯，豈不甚妙？」余曰：「君戲我，安有不相識之西人閨秀而肯與余結婚？且余有婦，君豈未知之乎？」友人曰：「某何人，敢與先生作戲言？先生所言，某悉知之，某今但問先生，譬如有此閨秀，先生何以待之？」余熟思片時，乃大悟，遂謂友人曰：「君所言之人，吾知之，吾甚敬愛之，且特別思之。雖然，吾嘗與同志創立一夫一妻世界會，今義不可背，且余今日萬里亡人，頭顱聲價，至值十萬，以一身往來險地，隨時可死，今有一荊妻，尚且會少離多，不能廝守，何可更累人家好女子。況余今日為國事奔走天下，一言一動，皆為萬國人所觀瞻，今有此事，旁人豈能諒我？請君為我謝彼女郎，我必以彼敬愛我之心敬愛彼，時時不忘，如是而已。」友人未對，余忽又有所感觸，乃又謂之曰：「吾欲替此人執柯可乎？」蓋余忽念及孺博也。友人遽曰：「先生既知彼人，余亦不必吞吐其詞，彼人目中豈有一男子足當其一盼？彼於數年前已誓不嫁矣。請先生勿再他言。」辭去。

今日距友人來言時五日也。又有一西人請余赴宴，又請蕙珍為翻譯，其西人即前日在蕙珍家同宴者。乃蕙珍之師也。余於席上與蕙珍暢談良久，余不敢道及此事，彼亦不言，卻毫無愛戀抑鬱之態，但言中國女學不興為第一病源，並言當如何整頓小學校之法以教練兒童，又言欲造切音新字，自稱欲以此兩事自任而已。又勸余入耶穌教，蓋彼乃教中人也。其言滔滔汩汩，長篇大段，使幾窮於應答。余觀其神色，殆自忘為女子也。我亦幾忘其為女子也。余此次相會，以妹呼之。余曰：「余今有一女兒，若他日有機緣，當使之為賢妹女弟子。」彼亦諾之不辭。彼又謂余曰：「聞尊夫人為上海女學堂提調，想才學亦如先生，不知我蕙珍今生有一相見之緣否？先生有家書，請為我問好。」余但稱慚愧而已。臨別，伊又謂余曰「我數年來，以不解華文為大憾事，時時欲得一通人為師以教我，今既無可望，雖然，現時為小學校教習，非我之志也。我將積數年來束脩所入，特往美洲就學於大學堂，學成歸國辦事。先生他日維新成功後，莫忘我，但有創辦女學堂之事，以一電召我，我必來。我之心惟有先生」云云，遂握手珍重而別。

余歸寓後，愈益思念蕙珍，由敬重之心，生出愛戀之念來，幾於不能自持。明知待人家閨秀，不應起如是念頭，然不能制也。酒闌人散，終夕不能成寐，心頭小鹿，忽上忽落，自顧生平二十八年，未有如此可笑之事者。今已五更矣，起提筆詳記其事，以告我所愛之蕙仙，不知蕙仙聞此將笑我乎？抑惱我乎？（光緒二十六年西五月二十日〈與蕙仙書〉）

梁夫人李蕙仙是一位才女，充滿智慧，回信說準備稟告其父：「事已至此，若君真有意，吾當稟報堂上，為你二人主婚。」

梁啟超馬上清醒過來，立刻回信：「得六月十二日覆書，為之大驚，此事安可以稟堂上？卿必累我挨罵矣；即不挨罵，亦累老人生氣。若未寄稟，請以後勿再提及便可也。前信所言不過感彼誠心，餘情繾綣，故為卿絮述，以一吐其胸中之結耳。以理以勢論之，豈能有此妄想……」（光緒二十六年五月西六月三十號〈與蕙仙書〉）此事就此作罷。

一九〇三年，李蕙仙還是做主為梁啟超納了十七歲的王桂荃。一九〇四年，王桂荃為梁啟超生下梁思永。王桂荃之前沒有受過教育，但頭腦清醒，有見地，有才能，到日本不久就學會了日語，凡屬家務、對外聯絡皆由她操辦。王桂荃一直負責照料梁啟超的飲食起居，甚至能幫梁啟超做掩護，深得梁啟超的信任。

一九一五年十二月，梁啟超從天津赴上海籌劃護國運動，「吾身邊事無人料理，深覺不便，可以即命來喜前來」（民國四年十二月十九日〈與嫻兒書〉）。一九一六年梁啟超準備到香港，致信長女梁思順，說「王姨暫留舊寓，掩人耳目，意欲令其於本月杪返津，但將來到最後之目的地時，恐又須彼往，蓋欲使飲食得極安全，非此不可也」（民國五年三月七日橫濱丸舟中〈與嫻兒書〉）。「王姨計已返津，汝等見報知我已入粵時，即當遣王姨來港候我招之。蓋到粵後不便久與陸同居。一分居後，非王姨司我飲食不可，彼時之險，猶過於居滬時也。」（民國五年三月十八日自越南帽溪〈與嫻兒書〉）

梁啟超還說過王桂荃「是我們家庭極重要的人物」。「王姑娘近來體氣大壞（因為你那兩個殤弟產後缺保養），我很擔心，他也是我們家庭極重要的人物。他很能伺候我，分你們許多責任，你不妨常常寫些信給他，令他歡喜。」（民國十二年十一月五日〈與寶貝思順書〉）

言歸正傳。是年九月底，「時局變化極劇」。在九月二十九日給孩子們的家書中，可以看到北伐軍與各地軍閥間錯綜複雜的政治關係，也可以看到梁啟超的政治傾向。

> 百里所處地位極困難，又極重要。他最得力的幾個學生都在南邊，蔣介石三番四覆拉攏他，而孫傳芳又卑禮厚幣，要仗他做握鵝毛扇的人。孫、蔣間所以久不決裂，都是由他

斡旋。但蔣軍侵入江西，逼人太甚，俄國人逼他如此。孫為自衛，不得不決裂。我們的熟人如丁在君、張君勱、劉厚生等，都在孫幕參與密勿，他們都主戰，百里亦不能獨立異，現在他已經和孫同往前敵去了。老師打學生，非尋常之師弟。豈非笑話？好在唐生智所當的是吳佩孚方面，京漢路上吳已經是問題外的人物。孫軍當面接觸的是蔣介石。這幾天江西的戰爭，關係真重大。若孫敗，以後黃河以南便全是赤俄勢力。百里當然跟著毀了。若孫勝蔣敗，以後便看百里手腕如何。百里的計畫，是要把蔣、唐分開，蔣敗後謀孫、唐聯和。果能辦到此著，便將開一嶄新局面。國事大有可為，能成與否，不能不付諸氣數了。

秋冬間，梁啟超又接到一個「欲謝不能」的職務，接辦司法儲才館，為國家培養司法人才，「審洋鬼子」，作為「收回法權的主要預備」（民國十五年九月二十九日〈給孩子們書〉）。

「比年各省法院逐漸推廣，人才一項尤形缺乏，此次法權調查幸告蕆事，各國委員對於改良司法，希望甚切，培植人材之舉，實屬不容再緩，茲就舊章酌加變更，定名為司法儲才館。」（〈司法部上設立司法儲才館呈文〉，《司法儲才館季刊》頁一）

司法部長羅文幹（字鈞任）依據司法儲才館章程聘任梁啟超為司法儲才館館長。

這件事因為這回法權會議的結果，意外良好，各國代表的共同報告書，已承諾撤回領事裁判權，只等我們分區實行。但我們卻有點著急了，不能不加工努力。現在為切實預備計，立刻要辦兩件事：一是繼續修訂法律，趕緊頒布；二是培養司法人才，預備「審洋鬼子」。頭一件要王亮儔擔任。第二件要我擔任。名曰司法儲才館。我入京前一禮拜，亮儔和羅鈞任幾次來信來電話，催我入京。我到京一下車，他們兩個便跑來南長街，不由分說，責以大義，要我立刻允諾。這件事關係如此重大，全國人渴望已非一日，我還有什麼話可以推辭，當下便答應了。現在只等法權會議簽字後，本禮拜簽字。便發表開辦了。經費呢，每月有萬餘元，確實收入可以，不必操心。在關稅項下每年撥十萬元，學費收入約四萬元。但創辦一學校事情何等煩重，在靜養中當然是很不相宜，但機會迫在目前，責任壓在肩上，有何法逃避呢？好在我向來辦事專在「求好副手」上用工夫，我現在已得著一個人替我全權辦理，這個人我提出來，亮儔、鈞任們都拍手，諒來你們聽見也大拍手。其人為誰？林宰平便是。他是司法部的老司長，法學湛深，才具開展，心思緻密，這是人人共知的。他和我的關係，與蔣百里、蹇季常相仿佛，他對於我委託的事，其萬分忠實，自無待言。儲才館這件事，他也認為必要的急務，我的身體要靜養，又是他所強硬主張的，他屢主張我在清華停職一年。所以我找他出來，他簡直無片詞可以推託。政府原定章程，是「館長總攬全館事務」。我要求增設一副館長，但宰平不肯居此名，結果改為學長兼教務長，你二叔當總務長兼會計。我用了這兩個人，便可以「臥而治之」了。初辦時教員、職員之聘任，當然要我籌劃，現在亦已大略就緒。教員方面因為經費充足，兼之我平日交情關係，能網羅第一等人才，如王亮儔、劉崧生等皆來擔任功課，將來一定聲光很好。職員方面，初辦時大大小小共用二十人

> 內外，一面為事擇人，一面為人擇事。（民國十五年九月十四日〈給孩子們書〉）

梁啟超本來是有計畫旅行美洲的，但考慮圖書館和司法儲才館初創，放心不下。他在十月十四日給孩子們的信中說：

> 美洲我是時時刻刻都想去的，但這一年內能否成行，仍是問題。因為新近兼兜攬著兩件事——京師圖書館、重新接收過來。司法儲才館都是創辦，雖然有好幫手，不致甚勞，但初期規畫仍是我的責任，我若遠行，恐怕精神渙散，難有成績，且等幾個月後情形如何再說。

司法儲才館經過籌辦，終於順利招生。十二月九日，林志鈞致信梁啟超報告：

> 快函敬悉。房屋已開始騰挪，決不至誤。報名人數仍不甚多，昨日止不過四五百人。以今日學生程度應稍微認真，考試合格未必能足兩百人之額，且看往後報名人數能多否。錄取名額最好不必預定，大約百餘人總可得，每班有六七十人亦不為少耳。寒假後開學當趕得及，考試竣事後，還有些事刻下即為進行。接著即可籌備一切也。

梁啟超三館之長和司法儲才館館長在身，更加忙碌了，甚至沒空給最後一個孩子「小無名氏」取名字。

我近來真忙，本禮拜天天有講演。城裡的學生因學校開不了課，組織學術講演會，免不了常去講演。又著述之興不可遏，已經動手執筆了。半月來已破戒，親自動筆。還有司法儲才館和圖書館都正在開辦，越發忙得要命。最可喜者，舊病並未再發，有時睡眠不足，小便偶然帶一點黃或粉紅，只須酣睡一次，就立刻恢復了。因為忙，有好多天沒有給你們信，只怕十天八天內還不得空。你這信看完後立刻轉給姊姊他們，免得姊姊又因為不得信掛心。（民國十五年十二月十日〈給思永書〉）

十一月八日，蔡鍔十周年忌日，梁啟超率松坡圖書館同人公祭。祭文由「湘潭袁伯夔思亮所撰，啟超點定數語且書之，祀事既竣，即裝潢存館中作紀念」並於北京《晨報》登載。為了紀念蔡鍔，梁啟超還寫有《邵陽蔡公略傳》、《蔡松坡遺事》等。

松坡圖書館是私立圖書館，沒有穩定收入，自落成後經費一直拮据，梁啟超一直鬻字籌集經費。他白天要演講、上課，「晚上還替松坡圖書館賣字」（民國十五年十月十九日〈給孩子們書〉）以籌措圖書館的經費。時局動盪，梁啟超所任館長的三家圖書館，經費均不穩定，這從他是年書信可見端倪。

北京圖書館的經費極有限，甚至需要他向銀行籌墊，辛苦支撐：

示敬悉。圖書館事，恐未能羅致我公，此館誠為美庚款所辦，但款極有限，開辦費僅一百萬元，建築及購書在內，現所劃建築費僅六十五萬，實不成門面，餘三十五萬供購書費。無法敷分配，每月經常費則僅三千耳。薪水館長三百，副館長兩百五十，圖書部主任兩百，以下無超過一百者。新近報紙所載，乃將教育部舊館移交前來，即四庫全書所在。留舊館員辦事月需千餘，則由我向銀行籌墊耳。此局將來可發展，現時即辛苦支持而已。（民國十五年十月十五日〈與東蓀足下書〉）

京師圖書館招待暹羅貴族的費用，由梁啟超墊付：

今日晤陳寅恪，言及有一暹羅貴族來遊歷，可與酬應，便索彼國所印之巴厘文四阿含佛藏，且言此事已與守兄譚及云云。弟意暹人來游，我國人士本不容絕對冷視，況更有所求耶？擬由館中招待一午餐或晚餐，在北京飯店。並陪往參觀各遺物，請守兄調查其到京期，即發請帖何如。所費即請飭館中會計先支付，在弟薪水項下扣還為盼。（民國十五年十一月十四日〈與仲揆、守和兩兄書〉）

京師圖書館經費極難維持，梁啟超計畫與法國、日本、美國重修《四庫全書》以獲得收入：

示及請柬奉悉，明晚屆時准到，弟並欲邀請斯永高一次，不知彼尚有時候否？請為我代約。別有一事欲與兄商者，前法國、日本皆曾有繕寫《四庫全書》之議，裝訂乃至印章悉照原料。現亦在交涉中，不審美國國會圖書館亦欲此否？現重印之議，度必無成，繕一部約美金三十萬便得，在美人或樂為此也。數日前曾與志騫譚及，志兄謂最好俟斯永高來時與商。弟所以籌及此事者，因方家胡同館費極難維持，現在實以一分六厘之重息向銀行借墊，得此或稍可彌補耳。此意想公能深會，公晤斯氏，先探其意向何如，餘俟面譚。（民國十五年十一月二十六日〈與守和兄足下書〉）

因此，梁啟超打算聯合多家圖書館，「東方文化會、中華文化基金會、京師圖書館三方合作」，成立一個「規模較大之館」：

翊雲吾兄足下：

一昨北海匆匆晤言，未罄所懷為歉。

公此次東渡，對於東方文化會事業，當決定具體進行辦法，想一切規畫早有成竹耶。就中圖書館一項，采何方針，亟欲聞之。教育部直轄之方家胡同圖書館，頃已由弟完全接收，改為獨立機關，定名京師圖書館。現在與中華文化基金會所設之北京圖書館仍暫取分立形式。弟以一人而兼兩館館長，俟新建築成立後再行合併。將來合併時，再與文化基金會重新締約。其此方締約之主體，或為教育部，或為圖書館長，現尚未大定，大約以圖書館長直接當其行為多也。去年雙方初締約時，本設有一「京師圖書館委員會」，委員九人，教部與基金會各出代表三人，雙方合推三人。其後契約中止，委員會亦同時停止職權。現在則惟有「北京圖書館」，即北海之新館。有委員會委員五人：一靜生，二張伯苓，三周寄梅，四戴志騫，五任叔永。將來再合併時則恢復舊委員會，此間館事經過及現行之大略情形也。

東方文化會設圖書館於北京，為原定計畫之一，自當賡續進行。惟文化基金會既有此舉，重規疊矩，於義無取。且除方家胡同舊館有大批貴重圖書外，若另造一館，欲得此規模，實為不可能之事。即覓地亦大不易，現在養蜂夾道之地七十畝，亦幾經曲折乃得之。鄙見以為最好是東方文化會、中華文化基金會、京師圖書館三方合作，成一規模較大之館，豈非快事！此間唯一之條件，則京師圖書館之名稱，萬不能改易，其他皆可商量。公於此次開會時，可否將此種經過情形提出討論？若能有合作餘地，所深望也。惟須先聲明者，此全屬弟個人意見，可以代表圖書館方面。尚未與文化基金會商定，欲俟東方文化會有所表示時，再與彼方商，或無甚差池也。如何之處，統候尊裁。（民國十五年十一月十一日〈致翊雲吾兄書〉）

歲尾，梁啟超接受美國耶魯大學所贈博士學位，但他對時局也感到迷惘。「時局變遷非常劇烈，百里聯絡孫、唐、蔣的計畫全歸失敗，北洋軍閥確已到末日了。將此麻木不仁的狀態打破，總是好的，但將來起的變症如何，現在真不敢說了。」（民國十五年十二月二十日〈給孩子們書〉）

第十三章

努力辦司法儲才館，編《中國圖書大辭典》

丁卯（一九二七），梁啟超五十五歲。

一月十七日，司法儲才館開館。

二月，工人階級在中國共產黨的領導下登上政治舞臺。

二月始，梁啟超在清華續講「中國歷史研究法補編」及「儒家哲學」，於燕京大學講「古書真偽及其年代」。

時局變動，梁啟超有避隱完成《中國通史》的打算。

三月初，梁思同患肺炎不治而卒。

三月三十一日，康有為逝世。

四月，李大釗在北京被奉系軍閥祕密殺害。四月十二日，蔣介石在上海發動反革命政變。

六月，王國維投昆明湖。

七月，梁思永歸國。

八月起，梁啟超開始主持編纂《中國圖書大辭典》，因身體決定下半年靜心休養。

十二月，梁啟超為長子梁思成和林徽因訂婚。

新年伊始，梁啟超難得忙裡偷閒，「今天總算我最近兩個月來最清閒的日子，正在一個人坐在書房裡拿著一部杜詩來吟哦」。接下來，他就要忙死了：司法儲才館開館，清華功課有增無減，在燕京大學擔任有鐘點。他自己說，「真沒有一刻空閒」。

因為身體恢復了，梁啟超立刻投入工作。上個月為北京學術講演會做了四次公開講演，講壇在舊眾議院。每次梁啟超的演講，會場都是滿座，數九寒冬，室內無爐火，但聽眾踴躍參加。梁啟超一講就是兩三個小時，全場肅靜無聲。

這段時間，梁啟超對時局有清醒的判斷：

時局變遷極可憂，北軍閥末日已到，不成問題了。北京政府命運誰也不敢作半年的保險，但一黨專制的局面誰也不能往光明上看。（民國十六年一月二日〈給孩子們書〉）

一月十一日，余紹宋致信梁啟超，報告司法儲才館籌備開館的情況：「弟已於日昨來館視事，諸務漸次就緒，工程限十六日完竣，定十七日行開館禮，十八日甄錄英文，二十四日開課，通告業已發出。教員方面商量課目大體亦已妥洽，諸請釋懷。」（民國十六年一月十一日余紹宋〈致任公先生書〉）

一月十七日，司法儲才館舉行開館儀式，「先期除函知導師教員全體暨學員外，並柬請司法部羅鈞任總長、孔希白次長、各參事司長、大理院余戟門院長、各庭長、總檢察廳汪鹿園、總檢察長、張逖省首席檢察官、京師高等審判廳沈季讓、吳子昂兩廳長、京師地方審檢廳邵竹琴、祁勁庵兩廳長來館參觀，北京律師公會亦派員到館，學員到一百四十五人。午後二時齊禮堂。禮畢，先由館長致開館辭，繼由學長報告設館經過及辦法，司法羅總長、導師教員代表、王總裁先後致訓辭，來賓江總裁演說」（〈司法儲才館開館儀式紀事〉，《司法儲才館季刊》第一期頁七）。

梁啟超在儀式上的致辭，言明司法儲才館的使命：「收回法權為目前最要之事，慮無不知之者。既欲收回，則須預備。雖前清以來，頗有籌備，惟中經時局變遷，時作時輟，應再更進一步，以期促成，本館之設正為此故。」

司法儲才館開學後，梁啟超每星期六下午又要講授「人生哲學」一課，更加忙了，但他興致勃勃。梁啟超在一月二十六日給孩子們的信中說：

> 司法儲才館已經開學了，余樾園任學長，（等於副館長，本來是林宰平，宰平謂治事之才彼不如樾園，故讓之。）學生兩百二十餘人，青年居多，尚可造就，但英文程度太低，而本館為收回法權預備起見，特注重此點。現在經甄別後特設英文專班，能及格者恐不滿五十人，此為令我最失望之一端。我自己每星期六下午擔任一堂功課，題目為「人生哲學」，此外每星期五、六兩日，各有兩點鐘為接見學生時期……
>
> 現在清華每日工作不輕，又加以燕大，再添上這兩件事，真夠忙了。但我興致勃勃，

不覺其勞。通例上年紀的人，睡眠較少，我卻是相反，現在每日總要酣睡八個鐘頭，睡足了便精神煥發。思成說對於我的體子有絕對信仰，我想這種信仰是不會打破的。

三月，梁啟超最後一個孩子「小無名氏」、「小白鼻」，有了名字叫小同同，然而不幸患了流行肺炎，在協和住了六天院，不治而卒。但梁啟超的心境似乎沒有受到影響，「現在講學正講得起勁哩，每星期有五天講演，其餘辦的事，也興會淋漓，我總是抱著『有一天做一天』的主義（不是『得過且過』，卻是『得做且做』。），所以一樣的活潑、愉快」（民國十六年三月九日〈給孩子們書〉）。

但是，「北京正是滿地火藥」，梁啟超心裡其實有避隱飲冰室，完成《中國通史》的打算。「再看一兩星期怎麼樣，若風聲加緊，我便先回天津；若天津秩序不亂，我也許可以安居，便屏棄百事，專用一兩年工夫，做那《中國史》；若並此不能，那時再想方法。」（民國十六年三月二十一日〈給孩子們書〉）

早在一九〇二年，梁啟超就有了撰寫《中國通史》的計畫：「顧自審我之才力，及我今日之地位，舍此更無術可以盡國民責任於萬一。茲事雖小，亦安得已。一年以來，頗竭綿薄，欲草一《中國通史》以助愛國思想之發達，然荏苒日月，至今猶未能成十之二。」（《三十自述》）一九一八年，梁啟超潛心著述，但因病暫停。之後旅歐一年，梁啟超開始致力於教育事業，《中國通史》的寫作就此中斷。

梁啟超一直記掛著《中國通史》的寫作，「思永說我的《中國史》誠然是我對於國人該下一筆大賬，我若不把他做成，真是對國民不住，對自己不住。也許最近期間內，因為我在北京不能安居，逼著埋頭三兩年，專做這種事業，亦未可知，我是無可無不可，隨便環境怎麼樣，都有我的事情做，都可以助長足我的興會和努力的」（民國十六年三月十日〈給孩子們書〉）。

三月八日（陰曆二月初五），是康有為的七十壽辰，雖然康、梁早已決裂，但梁啟超守弟子之禮，親撰〈南海先生七十壽言〉一篇，又集成一副壽聯，托人帶到上海，壽聯將老師比作「先聖」孔子：

述先聖之玄意，整百家之不齊，入此歲來已七十矣；
奉觴豆於國叟，致歡忻於春酒，親授業者蓋三千焉。

結果不到一個月，三月三十一日，康有為突然在青島逝世，梁啟超十分傷感。可憐康有為生前風光，身後蕭條，「最糟的是他一位女婿（三姑爺），南海生時已經種種搗鬼，連偷帶騙，南海現在負債六七萬，至少有一半算是欠他的」。梁啟超立即電匯數百元為其師成殮。

南海先生忽然在青島死去，前日我們在京為位而哭，好生傷感。我的祭文，諒來已在《晨報》上見著了。他身後蕭條得萬分可憐，我得著電報，趕緊電匯幾百塊錢去，才能草草成殮哩。我打算替希哲送奠敬百元。你們雖窮，但借貸典當，還有法可想。希哲受南海先生提攜之恩最早，總應該盡一點心，諒來你們一定同意。（民國十六年四月十九日〈給孩子們書〉）

四月十七日，康門弟子在北京先哲祠為康有為設靈公祭，梁啟超寫下祭文〈公祭康南海先生文〉並輓聯一副：

祝宗祈死，老眼久枯，翻幸生也有涯，倖免睹全國陸沉魚爛之慘；
西狩獲麟，微言遽絕，正恐天之將喪，不僅動吾黨山頹木壞之悲。

〈公祭康南海先生文〉情真意切，十分動人，對康有為進行了高度評價：「吾師視中國如命，而今也國則不綱；吾師以孔子之道為己任，而今也道則淪胥以亡。師吞淚泣血，摧肝斷腸。」

不過，梁啟超在祭文中婉轉提到了「丁巳復辟」是師生二人分道揚鑣的原因：「復辟之役，世多以此為師詬病，雖我小子，亦不敢曲從而漫應。」

梁啟超宣讀祭文之後，灑酒於地，呼曰：「吾師走好！」梁啟超仰天長嘯，淚流滿面。其古道照人，正氣猶存。

初夏，梁啟超偕清華研究院學生作北海之遊。暑期之前，梁啟超一般會約同學諸君作北海之遊，俯仰詠嘯於快雪浴蘭之堂，亦往往邀名師講學其間。這次諸賢不能來，梁啟超就發表了一篇談話，勸勉教導學生修養道德和知識，歸納起來就是兩點：「（一）是做人的方法——在社會上造成一種不逐時流的新人。（二）做學問的方法——在學術界上造成一種適應新潮的國學。」他勉勵學生要「做人做學問——而努力向前幹下去呀」。

暑期到了，六月二日，清華研究院四大導師之一王國維，含恨自盡。時梁啟超已離開清華，準備回飲冰室，但得到王國維自殺的噩耗，又復奔回清華，「料理他的後事及研究院未完的首尾，直至初八才返到津寓」（民國十六年六月十五日〈給孩子們書〉）。

關於王國維自殺的動機，眾說紛紜，梁啟超說：「如他遺囑上所說：『五十之年，只欠一死，遭此世變，義無再辱。』他平日對於時局的悲觀，本極深刻……此公治學方法，極新極密，今年僅五十一歲，若再延壽十年，為中國學界發明，當不可限量。今竟為惡社會所殺，海內外識與不識莫不痛悼。」（民國十六年六月十五日〈給孩子們書〉）

梁啟超在紀念王國維的文章中說：「先生之自殺也，時論紛紛非一。啟超以為先生蓋情感最豐富而情操最嚴正之人也，於何見之？於其所為詩詞及諸文學批評中見之，於其所以處朋友師弟間見之。充不屑不潔之量，不願與虛偽惡濁之流同立於此世，一死焉而清剛之氣乃永在天壤。」

梁啟超與王國維都在清華任教，彼此相知，有厚誼。近代後期的文學理論流派有三，梁啟超與王國維占二。其一，以梁啟超為代表的文學界革命論，主要包括以「新民救國」為中心的文學功利觀，以進化論為基礎的發展觀，以思想自由為原則的創作論及取法歐美的變革論。其二，以王國維為代表，引進西方美學，融滙中國傳統文論與西方理論而自構體系，奠定了現代純文學批評的基礎。其三，以章太炎為代表的國粹主義文學論，祭出「愛國保種」和「國民主義」大旗，主張「文學復古」，恢復漢文學的傳統和地位。

時親友勸梁啟超再次避難於日本，但他說：「極不欲往，因國勢如此，見外人極難為情也。」再說，天津外兵雲集，秩序無虞。他派人往詢意領事，據言意界必能與他界同一安全。不過，為防暴徒暗算，他「實行『閉門』二字，鎮日將外園鐵門關鎖，除少數親友外，不接一雜賓，亦不出門一步」（民國十六年六月十五日〈給孩子們書〉）。

大門上了鎖，梁啟超的思維卻活躍非常，對時局多有議論。如前所說，受自身思想局限，他的一些議論是不得當的，比如他對孫中山的評價：「民國十二三年間，國民黨已經到日落西山的境遇，孫文東和這個軍閥勾結，西和那個軍閥勾結——如段祺瑞、張作霖等——依然是不能發展。」（民國十六年五月五日〈給孩子們書〉）

這些話，只是梁啟超的夫子自道。有時智者也會說些大話，不足信的。但他認為「北京局面現在當能苟安，但隱憂四伏，最多也不過保持一年左右的命運罷了。將來破綻的導火線，發自何方，現在尚看不出。大概內邊是金融最危險，外邊是蒙古邊境最危險」，算是清醒之論。

梁啟超舊病未癒，王國維之死更讓他大受刺激。「研究院學生皆痛哭失聲，我之受刺激更不待言」，「我一個月來舊病發得頗厲害，約摸四十餘天沒有停止。原因在學校暑期前批閱學生成績太勞，王靜安事變又未免大受刺激」（民國十六年六月十五日〈給孩子們書〉）。這時他已經有辭退各種職務的打算了。

在天津飲冰室，天氣熱得很，梁啟超每天在大客廳鋪一張藤床，看書睡覺，真是「飽食終日，無所用心」，病感覺也好了。梁啟超覺得如果休養可以讓病痊癒，那麼他願意「犧牲半年或大半年的工作」。他將北京圖書館委託愛徒范靜生代理。

> 我現在對於北京各事盡行辭卻，因為既立意不到京，決不肯拿乾薪，受人指摘，自己良心更加不安。北京圖書館不准我辭，我力請的結果，已准請假，派靜生代理。薪水當然歸靜生，我決不受。儲才館現尚未擺脫，但盡一月內非擺脫不可，清華也還擺脫不了，或者改用函授，亦勉強不辭。獨有京師圖書館，因前有墊款關係，此次美庚款委員會以我在館長職為條件，乃肯接濟，故暫且不辭。幾件事裡頭，以儲才館最為痛心。我費半年精神下去，成績真不壞，若容我將此班辦到卒業，必能為司法界立一很好的基礎，現在只算白費心力

了。（民國十六年七月三日〈與順兒書〉）

北京圖書館已准梁啟超請假，但梁啟超還有一件「未了的事業」。此前他已有一個宏偉的寫作計畫：「現在我要做的事，在編兩部書：一是《中國圖書大辭典》，預備一年成功；二是《中國圖書索引》，預備五年成功。兩書成後，讀中國書真大大方便了。關於編這兩部書，我要放許多心血在裡頭才能成，尤其是頭一年訓練出能編纂的人才，非我親自出馬不可。」（民國十六年一月二十六日〈給孩子們書〉）

七月，梁啟超編纂《中國圖書大辭典》的提案已被中華教育文化基金董事會通過，給予津貼，梁啟超計畫於八月起主持編纂《中國圖書大辭典》，一年半後編成全書繳呈。編纂《中國圖書大辭典》，工程浩大，所需專家眾多。梁啟超朋友數人熱心參與。八月八日，梁啟超致信北京圖書館，提交了編纂《中國圖書大辭典》的預算及報酬、著作權等事：

北京圖書館公鑒：

敬啟者，鄙人編纂圖書大辭典事，前承示所擬辦法四條，經已具答在案，今謹將預算別紙開呈。此預算不過略舉大概，其他辦法隨時變通，未能纖悉列入。例如關於專門書籍，或須於編輯員之外，隨時委託專家，贈以相當報酬；又如編輯員或須另賃寓所，供給其食宿費；又如海內外各大藏家，或須專派人往鈔其目錄。諸如此類支出項目，頗難逐細臚舉。總之教育文化基金董事會既信任鄙人，則鄙人自當負全責，兩年之內，最少亦將現存書之全部分及重要各表編成，俾此舉得告一段落。其已佚之部，若兩年內能一律蕆事，固甚善，否則當更展期賡續，務底完成。至於經費支付之專案分配，苦難每月畫一，擬請貴館通知該會。如來書所擬領款辦法，每月交付鄙人四百元，當即簽署收條，俾貴館得據以報告。至於全部決算，擬於兩年之末再行總結詳報。如何之處，敬乞示覆遵行。

再者，鄙人編輯此書，本因同學中有數人熱心整理國故，為興味及義務心所驅，相約為共同工作。預算中所列編輯員薪金至為微薄，實不足以言正當之報酬。將來成書印行時，貴館若與書局訂立版權，共有契約，擬請將著作權方面所分得之利益，提出一半分給編輯員，以償其勞，於情事似為公允。如何之處，並請示覆為盼。專此，即請

公安。

八月三十一日，中國圖書大辭典編纂處致信北京圖書館，報告這兩個月在編纂《飲冰室藏書目錄》。因為梁啟超「家藏書籍，宋元善本書雖少，而普通書至十餘萬卷之多」，對於編纂圖書辭典工作有五項幫助：「（一）訓練分類方法。（二）訓練版本知識。（三）實驗原書，可以免去誤會，於將來圖書辭典編輯上，可以減去多數危險。（四）編輯成書，可以為將來圖書辭典之雛形，對於手續上經驗上有很大之準備。（五）編輯成書，可以在

將來正式編輯辭典時予以參考之便利。」編纂《中國圖書大辭典》是梁啟超生前最後從事的一項大工程。

專案開始之後，梁啟超做得「津津有味」，多次向圖書館彙報工作。次年梁啟超舊病復發，《中國圖書大辭典》終未能完成，如今只餘若干殘稿。

此處談談飲冰室的藏書。中國文人多喜讀書、存書，故有四大藏書樓，曰北京文淵閣、瀋陽文溯閣、承德文津閣、杭州文瀾閣。另有寧波天一閣等。這些藏書樓讓中國傳統文化遺產得以保存、流傳。梁啟超出生於鄉間，家中只有《論語》、《孟子》等古代經典。求學、做學問日久，作為學者、政治家、教育家，須涉獵百科，梁啟超的藏書逐漸豐盈起來。到飲冰室建成時，其藏書已經十分可觀。飲冰室書齋那些高達房頂的一排排裝滿書的書櫃，讓人嘆為觀止。

一九三〇年二月二十四日，梁思成、梁思永、梁思忠遵梁啟超口頭遺囑，委託天津律師黃宗法致函北平圖書館，聲明梁啟超圖書「永遠寄存，以供眾覽」。這批圖書共兩千八百三十一種，約四萬一千四百七十四冊；新書一百零九種一百四十五冊，日文書四百三十三冊，石刻碑帖五百餘種，一千四百多件。還有一批墨蹟、未刊稿及私人信箚。中華人民共和國成立之後，梁啟超的全部手稿存放在西單手帕胡同甲三十三號梁宅，時國家圖書館籌建手稿專藏文庫，梁氏家屬慨然捐贈全部手稿三百九十三種，計八千兩百六十六頁。

作家、學者將手稿寄存於公共圖書館或博物館，供大眾閱覽，在歐洲早已流行，而梁啟超的捐贈開啟了中國作家將藏書、手稿捐贈公共圖書館的先河。

也是這個夏天，梁思永聽從父親的建議，中斷學業回國一年。梁思永一九二三年在清華學校留美預備班畢業，赴美國哈佛大學研究院攻讀考古學和人類學，是留學生中選現代考古學作為專業第一人。獲得學士學位後，梁思永轉入哈佛大學研究院主攻東亞考古。

一九二六年冬，李濟、袁復禮主持了山西夏縣西陰村的田野挖掘，這是中國學者第一次主持科學考古。梁啟超非常支持這次考古，希望梁思永能去實習，從中受益。梁啟超於一九二六年十二月十日致信梁思永：「得十一月七日信，喜歡之極。李濟之現在山西（非陝西）鄉下，正採掘得興高采烈，我已立刻寫信給他，告訴他你的志願及條件，大約十日內外可以收到回信。我想他們沒有不願意的，只要能派你實在職務，得有實習機會，盤費食、住費等等都算不了什麼大問題，家裡景況，對於這點點錢還擔任得起也。」

李濟、袁復禮由山西回到回京，「採掘大有所獲，捆載了七十五箱東西回來，不久便在清華考古室陳列起來」（民國十六年一月二日〈給孩子們書〉）。一九二七年一月十日，李濟、袁復禮回京，清華國學院專門舉行茶話會慶祝。清華大學教務長梅貽琦、「四大導師」和全院師生都參加了茶話會。李濟做了長篇的報告演說。

茶話會散會已是晚上十一時。但梁啟超極高興，點洋蠟給梁思永寫完信才去睡覺。他在信中說：「他們演說裡頭還帶著講『他們兩個人都是半路出家的考古學者，濟之是學人類學的。真正專門研究考古學的人還在美國——梁先生之公子』。我聽了替你高興又替你惶恐，你將來如何才能當得起『中國第一位考古專門學者』這個名譽，總要非常努力才好。」

梁思永回國一年內，梁啟超積極為他創造學習機會。七月三十日，梁啟超致信陳漢第（字仲恕），請他幫忙介紹梁思永博觀古器實物，還請他介紹鑒瓷名家郭寶昌指點梁思永：

仲恕老弟：

連日毒熱，何以自遣，尚能親筆硯耶！小兒思永新自美歸，謹奉謁報公子消息。渠所治為考古學，非博觀實物，不能為功。歸國一年，擬並力從事於此。玉器、瓷器、銅器三項，尤所最欲研究，敬乞我公詳加指導，俾勿迷所趨。聞郭君寶昌為鑒瓷名家，不審公與有交否？若能介紹請益，尤所企盼。其餘各專家有可受教者，請公更為博思介見。公視小兒輩如子弟，想不有吝也。手此

敬候。

後來，一九二八年八月，梁思永再次赴美深造，於一九三〇年學成畢業。

秋季開學，梁啟超在清華園住了些時日，「將本年應做的事，大約定出規模，便到醫

院去」。十月，晉、奉全面開戰，「京中人又紛紛搬家了」，梁啟超在協和住了十二天，又回到天津飲冰室休養，每天十分注意起居飲食。病好後梁啟超又想回清華，思永「說了一大車嘮叨話」阻止他，他的著述之興也暫行按住，安心休養。

十一月二十三日，梁啟超致信長女梁思順，談及因自己引起的清華風潮。

王國維投湖，梁啟超染病，梅貽琦多次與校長曹雲祥商議增聘名師，未果。時北伐戰火未停，清華一直有裁併國學研究院的聲音。留美預備部高二、高三年級學生謀求提前出洋，以梅貽琦為首的教授公開反對，清華風潮爆發。外交部批令不送舊制生出洋。八月十五日召開全校教授會議，眾教授指責曹雲祥，會議通過決議案，「重要事件，必經評議會正式決議後，按照執行」。新學期開學，曹雲祥為舊制生說情，免收學費。同時，外交部改組清華董事會，清華風潮再起。新改組的董事會，梁啟超當選董事且名列第一。梁啟超提出以不任校長為條件出任董事，但曹雲祥仍然因「怕我搶他的位子，便暗中運動教職員反對」，逼梁啟超自動請辭清華國學研究院教授職務。「學生全體跑到天津求我萬勿辭職（並勿辭董事），恰好那時老曹的信正到來，我只好順學生公意，聲明絕不自動辭教授，但董事辭函卻已發出，學生們又跑去外交部請求，勿許我辭。」後來曹雲祥被免職，清華風潮才告一段落。

這一年歲尾，梁啟超忙著為長子梁思成的婚事操心。梁思成和林徽因的長輩親人都在，所以雙方訂婚、行文定禮等一切細節按傳統方式置辦。在飲冰室中的梁啟超，兩次致信在北京的卓定謀（字君庸，林徽因三姑父），請他與在福建的林氏族人商談林徽因與梁思成的文定禮。

十一月二十五日的信件內容如下：

君庸吾兄足下：

兩次承惠贈章草訣歌，遂大動習稿之興。雖不能有進，然良友佳賜，權之終身矣。小兒 徽音行聘禮事，承公已函閩中林家接洽，至感。弟因近在津養病，是以京行稍緩，頃漸就痊，大約半月後當入京，屆時當涓吉先奉聞也。鄙意用舊式紅綠庚帖各一份，合寫男女籍貫。生年月日時及三代，父母。想徽音生日或其諸姑當能記憶耶。交聘以一玉器為主，外更用一小金如意配之，兩家所用可同一樣。公謂何如？大媒此間擬請宰平，林家請何人，公當能代定。雙方庚帖，今求宰平繕書何如？瑣瑣奉商，公亦有樂於是。良晤匪遙，不復一一。手此專請

大安不莊。

十二月四日的信件內容如下：

君庸吾兄足下：

昨譚快甚。頃得仲恕書，玉珮已購妥，若印未購，可作罷，如亦已購得，即亦無妨，多一聘物，亦大佳耳。如何幸見示。思成生年月日及三代別紙寫上，敬懇吾兄惠書，俾沾多福。本當全柬奉請令省縟禮，惟冀垂許，庚帖並請代購，俾得與林府所備者一律，夙承厚愛，想不以為慢也。林府各事，最遲當以何日可具備，並乞示知，俾涓期相請也。手此敬請

大安不莊。

前所言擬各用小金如意一件，若林府同意，則請公並代我定制以歸畫一。其大小約寸許可耳。若定制費時，則省之亦可，如何，乞並示。

十二月十二日，梁啟超給孩子們寫信，告知梁思成訂婚的細節：

這幾天家裡忙著為思成行文定禮，已定本月十八日陽曆。在京寓舉行。日子是王姨托人擇定的。我們雖不迷信，姑且領受他一片好意。因婚禮十有八九是在美舉行，所以此次文定禮特別莊嚴慎重些。晨起謁祖告聘，男女兩家皆用全帖遍拜長親，午間宴大賓，晚間家族歡宴。我本擬是日入京，但（一）因京中近日風潮正惡，（二）因養病正見效，入京數日，起居飲食不能如往，恐或再發舊病，故二叔及王姨皆極力主張我勿往，一切由二叔代為執行，也是一樣的。今將告廟文寫寄，可由思成保藏之作紀念。

聘物我家用玉珮兩方，一紅一綠，林家初時擬用一玉印，後聞我家用雙珮，他家也用雙印，但因刻玉好手難得，故暫且不刻，完其太璞。禮畢擬將兩家聘物匯寄坎京，備結婚時佩帶，惟物品太貴重，深恐失落，屆時當與郵局及海關交涉，看能否確實擔保，若不能，則仍留兩家家長處，俟婚後歸來，乃授與寶存。

十二月十三日，梁啟超給長女梁思順寫信，談及要動用投資所得，支持梁思成、林徽因婚禮及游歐費所需：

思成、徽音婚禮及游歐費所需，只好請希哲努力變把戲變些出來，若利息所入不敷，即動些資本，亦無不可，有三千華幣給徽音，合以思成在學校所領，或亦已勉強夠用罷，我知道他們是不會亂花錢的，你斟酌著不可令他們太刻苦便是。

梁啟超的考慮涉及方方面面，非常周全。他計畫待梁思成夫婦歸國，讓梁思成來設計，他們家再造一所理想的房子。

我現在有一個小計畫，只要天津租界還可以安居大約可以。時，等思成回來，立刻把房子翻蓋，重新造一所稱心合意的房子，為我讀書娛老之用。將新房子賣出，大約可值四萬五乃至五萬，日內擬便托儀品公司代賣，賣去時將來全部作為翻蓋新房用，先將該款寄坎，托希哲經營，若能多得些贏利更好。總而言之，這部份款項全交思成支配，專充此項之用。思成，你先留心打個腹稿，回來便試驗你的新學問吧！（民國十六年十二月五日〈給孩子們書〉）

我日來頗想移家大連，將天津新舊房全部售去，在大連叫思成造一所理想的養老房子。那邊尚有生意可做，我想希哲回來後，恐怕除了在大連開一個生意局面外，別的路沒有可走，但這是一年後的話。（民國十六年十二月廿四日〈與順兒書〉）

是年年底，還有一事讓梁啟超十分傷懷，就是他的得意門生范靜生去世，得知消息，梁啟超舊病復發，小便堵塞二十九個小時。「半年來我把圖書館事脫卸交給他，也是我對不住他的地方。他死了，圖書館問題又回到我身上，但我無論如何，只好摔下。別的且不說，那館在北海瓊華島上，每日到館要上九十三級石梯，就這一點我已斷斷乎受不住了。」（民國十六年十二月二十四日〈與順兒書〉）

第十四章

染病辭退清華教職，《辛稼軒年譜》成絕筆

戊辰（一九二八），梁啟超五十六歲。

一二月間，梁啟超入協和醫院檢查身體，以灌血法醫治。

三月，梁思成與林徽因在加拿大舉行婚禮。

六月，梁啟超辭退清華國學研究院所有工作。

七八月間，梁思成、林徽因夫婦歸國，梁思永再度赴美留學。

九月，梁啟超開始作《辛稼軒年譜》，稿未成，因痔疾發而成絕筆。

一月，梁啟超感覺病情轉重，入協和醫院醫治。給孩子們的信，梁啟超都是讓梁思永代筆，「我這封信叫思永寫的，你們不要奇怪，為什麼我自己不寫，因為才從醫院出來，要拿筆怕你們干涉，所以口講叫思永寫。又因為我就想著一本小書，口述叫思永寫，現在練習試試」（民國十七年一月二十二日〈給孩子們書〉）。

醫生告知梁啟超，工作可以做，但是不要勞累，所以梁啟超決定將清華的所有教職都辭退。

為了補血，梁啟超隔天吃一頓雞，每天吃雞湯掛麵，經常吃豆類，茶和咖啡也不禁了，但尿中仍然有血，這讓他憂慮。

一二月間，梁啟超除了住院治療，就是在家靜養，不甘心地過著「老太爺的生活」。但梁啟超是閒不住的，偶爾「著述興味太濃，一時忘了形，接連兩晚破戒」，「晚上也做些工作，以致睡不著」，這讓他頭暈兩日並嘔吐。

三月，梁思成與林徽因在加拿大的阿圖和（渥太華）完婚，梁啟超欣喜萬分，說「報告婚禮情形各信都收到了，在不豐不儉之間，辦得極莊嚴極美麗，正合吾意。現在又預備新人到家謁祖時的熱鬧了」，收到婚禮照片之後，更是大贊「新郎、新婦皆光彩動人，思成自照一片，豐腴俊秀，尤令我觀之不厭」。

思成和你們姊姊報告結婚情形的信，都收到了，一家的塚嗣，成此大禮，老人欣悅情懷可想而知。尤其令我喜歡者，我以素來偏愛女孩之人，今又添了一位法律上的女兒，其可愛與我原有的女兒們相等，真是我全生涯中極愉快的一件事。你們結婚後，我有兩件新希望：頭一件你們倆體子都不甚好，希望因生理變化作用，在將來健康上開一新紀元。第二件你們倆從前都有小孩子癖氣，愛吵嘴，現在完全成人了，希望全變成大人樣子，處處互相體貼，造成終身和睦安樂的基礎。這兩種希望，我想總能達到的。（民國十七年四月二十六日〈與思成、徽音書〉）

梁啟超給子女寫信，每封都充滿舐犢之情，讓人感動。而此信中對兒媳林徽因的憐愛，尤讓人動容。

這位「生性愛管閒事」，關心子女的父親，除了關心孩子們的學業、生活、身體以及心理健康等情況，又開始謀劃梁思成與林徽因回國後到東北大學或清華大學任教。

五月八日，梁啟超致信梁思成：

昨日楊廷寶來，言東北大學事，該大學理科學長高介清亦清華舊同學，該大學有建築專系，學生約五十人，秋後要成立本科，前是預科。曾欲聘廷寶，渠不能往，渠在基泰公司。薦汝自代，薪俸月兩百八十元，總算甚優。廷寶謂奉天建築事業極發達，而工程師無一人，汝在彼任教授，同時可以組織一營業公事房，立此基礎，前途發展不可限量。渠甚望汝先往開闢，渠將來尚思與汝打夥云云。津、滬等處業此者多，難與競爭。我雖未得汝同意，已代汝應允矣。惟該系既屬創辦，汝之職或即是該系主任，故開學前應有許多準備，故盼汝最遲能以陽曆八月十號前到家乃好……

清華事亦已提出評議會，惟兩事比較，似東北前途開展之路更大，清華園是「溫柔鄉」，我頗不願汝銷磨於彼中，諒汝亦同此感想。

梁啟超說過多次要辭退清華教職，態度似很堅決，但「清華事到底不能擺脫，我覺得日來體子已漸復元，雖不能擺脫，亦無妨，因為我極捨不得清華研究院」（民國十七年五月八日〈與思順書〉）。六月中，因為批閱清華學生的成績，一連趕了三天，梁啟超的舊病又有點發作。但是此後清華的教職總算全部辭退了。梁啟超要求校長在自己辭職之前先批准他辭職，辦妥後他感覺精神上很是愉快，因為學生再不來打擾，也不再有什麼責任了。

梁啟超是一九二五年香山紅葉紅時，受聘到清華國學研究院為導師的。梁啟超在長沙時務堂任總教習時，便熱愛教育事業，後來告別政壇，在全國各地的名校發表學術演說，大受歡迎。

「戰士死於沙場，學者死於講座」，梁啟超在清華教學，每日五時起床，一天工作十個小時以上。平時不接待客人，偶有來訪，談話時間以一小時為限。「非倨傲也，光陰寶貴不得不然也」，這是他的解釋。清華園教授的書齋甚多，唯獨梁啟超的書齋，醒目地掛著一木牌，上書「除研究生外，無事莫入」。

梁啟超的學生姚名達，在整理梁啟超課程講義時加了一段注文：「名達案：民國十四年九月，名達初到清華研究院受業於先生，即有著《中國史學史》之志，曾向先生陳述；而今二年，積稿頗豐，惟一時尚不欲草率成書耳。」在為《中國歷史研究法補編》所撰的跋中，他記下：「問先生近自患學問欲太多，而欲集中精力於一點，此一點為何？先生曰：史也！」

在學子眼中，梁啟超就是傳奇，就是神話。他在講臺上的形象讓梁實秋印象深刻：梁啟超不高的身材，額頭上頭髮稀疏，已經謝頂，顯得光亮亮的。他的目光總是帶點憂鬱，讓被掃過的人心裡震動，奕奕有神而又親切慈祥。他愛用手勢，那手勢有時顯示自信，有時又表達著某種遙遠的思戀。他講杜甫講到〈聞官軍收河南河北〉之「劍外忽傳收薊北，初聞涕淚滿衣裳」時，突然大放悲聲，涕泗交流。課堂上靜極，只有眼淚跌落在課上的聲音。他也笑，那是朗聲大笑，如是在寒冬，會把冷冷的教室笑得暖暖的。他常常大段背誦引文，那會是一字不差的。偶爾也有一時想不起來，便將前額敲得啪啪響，學生見狀就笑，少頃想起來，依舊滔滔不絕。下課，他問學生：「你們笑什麼？」

梁啟超辭退清華教職，讓整個清華不勝唏噓。王國維投湖，梁啟超辭職，陳寅恪說了句意味深長的話：「所謂孤單，如今略知。」水木清華，此後有些寂寥了。

有一件事值得一提，梁啟超辭退教職，在天津養病，時入京的北伐軍，居然在七月《民國日報》登出北京黨部對一九二六年「三一八慘案」的決議，將他牽扯其中。梁啟超不予回應，七月七日，族侄梁廷燦致信北平特別市市黨部黨務指導委員會，為梁啟超辯解。「鄙人乃梁任公之侄也，頃聞《民國日報》載貴委員會會議決案關於三一八慘案有牽扯家叔之語，不勝駭詫」，他認為，「貴會議案所云云，與事實太相違反，不得不舉出極簡明而極有力之反證，鄭重辨明」。他指出，梁啟超自一九二六年入春以後，忽罹重病，三月二日出德國醫院，八日入協和醫院，十六日手術割腎，全部麻醉，術後兩日昏迷不省人事。十九日下午，「有問病者告以慘案狀況。家叔奮氣填膺，熱度漸增，幾陷危境。醫生查知大怒，因此嚴禁探問者五日。此等事實協和醫院有日記」。他質問道：「憑天理良心判斷，以十六日正受麻藥剖腹臥病之人，是否可以參預十八日上午發生之任何事件。」

除辭退清華教職，梁啟超還有一件大事未了。

六月十八日，梁啟超致信袁同禮，報告一年來編纂《中國圖書大辭典》的成績：

守和足下：

圖書辭典報告書前星期寄上，想已達，今由舍侄廷燦親帶去成績若干冊，乞察收。內書書錄一冊，趕鈔不及，或開會稍遲則補寄。此書編纂頗費苦心，其義例及方法皆迥然不襲前人，意欲為簿錄界開一新紀元，衍劉略阮錄之正緒而適應於現代圖書之用，公試一視其略定之稿，所須改者尚極多。謂可達此目的否耶。致叔永、適之兩書，閱後請交去。希望原約不至中止，若不能，則亦付之一歎而已。手此，即請

大安！不一一。

此信中提及「致叔永、適之兩書，閱後請交去」，給胡適的信，是請他贊助通過續編《中國圖書大辭典》，期望與胡適通力合作，完成此浩大而「新具別裁」的大項目：

適之足下：

自公歐遊歸後，道路間隔，迄未得一促膝握手，商量舊學，相思與日俱積，想復同之耳。

僕自去秋受北京圖書館之屬托，編纂《中國圖書大辭典》，一年以來，督率門人數輩，昕夕從事，雖寫定之稿未及什之一，然頗感斯業之有益，興味引而彌長。竊不自揆，意欲使此書成後，凡承學之士欲研治某科之學，一展卷即能應其顧問，視以資料之所在，及其資料之種類與良窳，即一般涉覽者，亦如讀一部有新系統的《四庫提要》，諸學之門徑可得窺也。此種願望之成績，雖未敢期絕對的滿意，然黽勉赴之，最少亦可樹立規模，以俟來者之補正，於願亦已足矣。今將稿本略審定，可繕寫者可提出若干種於圖書館，以

轉達董事會，盼我公在會中審查時，費一二日之力，細為省覽，而有以是正之。其中簿錄之部官錄及史志一冊，史部譜傳類年譜之屬一冊，金石書畫部叢帖之屬一冊，史部雜史類晚明之屬一冊，比較可算已成之稿，雖應增改者仍甚多，自謂其組織記述批評，皆新具別裁，與章實齋所謂橫通者迥別，將來全書即略用此例。

公視似此作法，能達前所期之目的否耶？此等工具之書，編纂備極繁難，非有一人總攬全部組織不可，卻絕非一人之精力所能獨任。現在同學數輩分功〔工〕合作，寫卡片四萬餘紙，叢稿狼藉盈數篋，幸得董事會之助，使諸人薄得膏火之資，等於工讀。現在第一期工作已過，以經驗之結果，知初期枉費之工作極多，下半專從事於整理寫定。原定兩年成書之計畫，雖未必能完全實現，要可得什之七八耳。董事會所賜補助原定兩年，今正得半，想董事諸公既提倡於始，則賡續更不成問題，仍盼我公稍注意審查成績，估其價值，在會中力予主持，俾不致廢於半途，幸甚幸甚。溽暑，諸惟珍衛，不一一。

本來八月梁思成夫婦回到天津飲冰室時，闔家喜氣洋洋。但次日梁啟超的病又發作了，「發得很厲害，血塊比前兩回都多」。在「醫生嚴重干涉，家人苦語勸誡」之下，出於身體考慮，「舊恙復發頻繁」的梁啟超決意「斬釘截鐵」地請辭編纂《中國圖書大辭典》的委託，並且退還編纂津貼：

我的病態據這大半年來的經驗，養得好便真好，比許多同年輩的人都健康；但一個不提防，卻會大發。一次發起來雖無妨礙，但經兩三天的苦痛，元氣總不免損傷。所以我再四思維，已決意容納廷燦的忠告，連這一點首尾，也斬釘截鐵的辭掉。本年分所領津貼已經退還了，七月起。去年用過的五千元，因為已交去相當的成績。論理原可以不還，但為省卻葛藤起見，打算也還卻。現在定從下月起，每月還兩百元，有餘力時便一口氣還清。你們那邊營業若有餘利時，可替我預備這筆款，但不忙在一時，盡年內陸續寄些來便得。（民國十七年八月廿二日〈給孩子們書〉）

八月二十四日，梁啟超分別致信北京圖書館和袁同禮，陳請辭卻編纂《中國圖書大辭典》之委託及結束辦法，退還津貼等。但九月七日，圖書館覆信梁啟超，除了原封不動地寄回梁啟超退還的津貼，仍請求梁啟超繼續主持編纂《中國圖書大辭典》，並委託袁同禮赴飲冰室面陳一切。

九月十八日，張君勱致信梁啟超，考慮他的病情，請他速作對於國事黨事之自述，以鼓舞以後同志奮鬥：

國事紛如亂絲，聽吾儕在萬難之中奮鬥可也。森常望於先生者，將先生對於世界、對於吾國、對於舊友之希望，以簡單之言擇要紀錄，俾同人有以繼續先生之志願而已。因蔚堂過滬之便，率述所懷，雖欲守在君之戒，而不可得矣。狄楚卿日前在席上一見，言有赴津商先生將富有票事記述成書之意。自戊戌以至洪憲之事，皆在應記之列，此即先生自傳之一部，亦即吾所謂對於吾國對於舊友之希望之一部也。

友人害怕梁啟超突然離去，不及時留下對後人的教誨，乃是社會和家國的一大損失，故著急讓他留下遺願。

在病榻之上，梁啟超在用生命的最後之血，澆灌他的春秋大作。「日來撰成《辛稼軒年譜》，並為稼軒詞作編年，竟什得七八，又得一佳鈔，用校四印齋重雕之元大德本，是正偽舛，將及百條，深用自喜。一月來光陰全消磨於此中，再閱十日可蕆事矣。知諸公相愛相念，輒以奉聞。」（民國十七年九月二十二日〈致揆初、叔通、季蔭、振飛諸公書〉）他說，再有十天，他的《辛稼軒年譜》就能完稿啦！

梁啟勳《曼殊室戊辰筆記》記載，梁啟超寫作《辛稼軒年譜》，九月十日開始屬稿，中途多次發病，仍然執筆，至十月十二日因病重擱筆，成為絕筆：

戊辰陽曆三月十四日，叢帖之屬脫稿……《辛稼軒年譜》，九月十日始屬稿，二十四日編至稼軒五十二歲，入夜痔大發，竟夕不能睡，二十五日過午始起，側身坐屬稿。二十六日，痔瘡痛劇，不能復坐，二十七日，始入京就醫，十月五日，始返，仍未能執

> 筆。十月五日，從北京就醫歸，歸途感冒發燒，不自覺，六七兩日執筆校改前稿甚多。七日下午，始知有病，遂臥床兩日。九日下午，勢全退，乃賡續作此。十月十日，昨日午勢已全退，今晨複升至三十七二，可厭之至。無聊故，仍執筆，十二日，為最後絕筆。

梁啟超在《辛稼軒年譜》「（乾道）二年丙戌二十七歲」、「（乾道）三年丁亥二十八歲」的條目「在江陰簽判任」後面，打上了兩個「？」，條目「考證」說：「舊制任官三年考滿，率有遷免，先生此兩年是否仍留江陰任，無可考。據宋人諸說部書，先生似有一時期失職流落金陵，但無確據，故記此以俟再考。」可惜，梁啟超再無「再考」的機會。

梁啟勳決定「繼伯兄未竟之業」，對稼軒詞進行疏證，一九二九年十月屬稿，十二月完稿《稼軒詞疏證》，體例上明顯體現兄弟二人合作的特徵，每首詞下先列校記，包括梁啟超校勘及梁啟勳補校，次為考證，包括梁啟超考證和梁啟勳案語。這是後話。

病情加重的梁啟超，連日發燒，瘦到不成樣子，精神委頓，睡覺時渾身骨節酸痛，睡也不是，坐也不是，「殊苦」。去世前的梁啟超，惦記著長子，思念著長女，還想著今後的新生活。

> 我平常想你還自可，每到病發時便特別想得厲害，覺得像是若順兒在旁邊，我向他撒

一撒嬌，苦痛便減少許多。但因為你事實上既未能回家，我總不願意說這種話。現在好了，我的順兒最少總有三五年依著我膝下，還帶著一群可愛的孫子——小小白鼻接上老白鼻——常常跟我玩。我想起八個月以後家裡的新生活，已經眉飛色舞了。（民國十七年十月十二日〈與順兒書〉）

可惜這全家團圓的日子不會再有了，梁思順也未能見到父親最後一面。十二月一日，前清華研究院學生徐中舒、程璟、楊鴻烈、方欣、陸侃如、劉紀澤、周傳儒、姚名達等人致信梁啟超，懇切慰問，致仰望禱祝之誠：

任師夫子大人鈞鑒：

自別道範，相從南來，河山雖隔，繫念常殷。每度京津同學有道出滬上者，輒相與把臂促膝問津門起居。聞師座清恙大減，則粲然色喜；若聞玉體違和，則相與蹙額浩歎矣。客歲黨軍占領江南，南北之音問遂疏，師座因歷史關係，為各方所注目，郵電往來常被檢查，用不便徑修書候；然間接因同門諸子傳達狀況，耑頌起居者，蓋無時或缺焉。暑假中得剛主信，稱師座近況佳善，息影著書，私心竊喜，以為稍養數月，或能全愈矣。今為時不過三月，乃報忽載病重入協和醫院之說。誠然此信非虛。惟此間同門所急欲知者，即師座病為舊疾復發耶，抑新恙乍添耶？飲食行動尚能如常否？尚祈師座有以示之。師座以一身關係國家前途，文化前途。今政治方面雖較黯淡，而全國學術待師座之整理，全國學子待師座之指導者極多，即就政治方面言，初，亦非全然絕望，惟暫時不得不權安緘默耳。他日春雷陡起，萬象或能更蘇矣。尚望師座節憂寡慮，清心靜養，留得梁木，為他日用。此間同門有足為師座告者，即全體俱能安心向學，無一輕率浮動者；且社會各方皆相推重，是悉由師座曩日訓誨之功也。專此敬稟，即叩

鈞安。

年至歲尾，病中的梁啟超讀到此信，潸然淚下，久久持信不放。

第十五章

溘然病逝於協和醫院，京津滬粵舉行公祭

己巳（一九二九），梁啟超五十七歲。

一月十九日，梁啟超在北京協和醫院逝世。

舊病未癒，又發現新病，身體已虛弱太甚，一九二九年一月十九日午後二時十五分，那顆充滿道義與激情，只求覺世，不求傳世，半個世紀在中國政壇和文壇叱吒風雲的心臟，停止了跳動。

這位世紀偉人，把他少年中國的夢想，留給了後人。

梁啟超突然辭世，震驚了社會各界，悲痛彌漫在「過渡時代之中國」。

關於梁啟超溘然西去，在他生命的最後時刻陪伴在病榻左右的胞弟梁啟勳及長子梁思成，都有文字追憶。

一月二十一日，《大公報》轉載梁啟勳《病院筆記》時說：

任公於四年前，即患小便出血症，當時因在清華講學，城內各校時有定期講演，異常忙碌；加以其夫人病體沉重不可救治，任公以此種種關係，未暇醫治。及其夫人病歿之後，任公失偶，情極難堪，仍在清華講學如常，亦借此寄託，以過其難堪之日月也。其小便出血之症，由此愈劇。友人有勸其就醫者，因先入德國醫院，由克里大夫檢查，結果不能斷定病原所在。因改入協和醫院，由協和泌尿科諸醫檢驗，謂右腎有黑點，血由右邊出，即斷定右腎為小便出血之原因。

任公向來篤信科學，其治學之道，亦無不以科學方法從事研究，故對西洋醫學向極篤信，毅然一任協和處置。其友人中有勸其赴歐美就名醫診治者，有勸其不必割治，辭卻一切事務專心調養者，有勸其別延中醫，謂有某人亦同患此病，曾服某中醫之藥而見痊者，眾論紛歧，莫衷一是。而任公微笑曰：「協和為東方設備最完全之醫院，余即信任之，不必多疑。」及右腎割去後，小便出血之症並未見輕，稍用心即復發，不用心時便血亦稍減。二三年來，精神體力已大不如從前，時到協和打血針，約一個月一次，此法以生人之血補其血分之不足，打針後，元氣稍復。

而任公因著述方面未完之工作甚多，雖友朋切勸而思潮時起，欲理舊業，仍不能絕對停止。近數月來，專以詞曲自遣，擬撰一《辛稼軒年譜》。去年九月中因痔疾復發，未能脫稿，即來平，入協和割治，服瀉藥二星期之久，稍見輕。在院中仍托人覓關於辛稼軒材料，忽得《信州府志》等書數類，狂喜，攜書出院，痔疾並未見好，即馳回天津，仍帶瀉藥到津服用。擬一面服瀉藥，一面繼續《辛稼軒年譜》之著作。未及數日，即發微熱，延日醫田邨氏診治未見有效，熱度不稍退，體氣漸就衰弱，在津寓約四五十日，衰弱日甚，漸至舌強神昏，幾至不起。

去年十一月廿七日，乃弟仲策啟勳到津視疾，遂偕至平入協和醫院診治。經該校教授柏格蘭發見痰內有毒菌，在肺部及左肋之間。此病在美國威士康辛地方有三人曾罹此病，其一已死，其一治癒，一人尚醫治中。在病原未發見以前，任公以其病不治，親囑家人以其屍身剖驗，務求病原之所在，以供醫學界之參考。

一月十一日，任公擬預備自祝六十歲壽，請其友人作文百篇，請林宰平作關於任公之佛學研究，羅復庵作任公書法。一月十五日病勢垂危，至臨終時，無一語遺囑云云。

我們又可以從梁思成等人追憶中完整得知梁啟超的得病及逝世經過。

梁啟超「體質素強，疾病極少，平日自恃，殫精運思時，於一己體力尤不措意」。

一九二三年春，梁啟超病復發，協和醫院聲言不治。梁啟超深受刺激，遂得小便帶血之症。但他不願以此增家人累，密不告人。

一九二六年一月，梁啟超入德國醫院化驗尿血，沒有發現，以手術探源亦不能得究竟，出院以中醫醫治也不見效。二月入協和醫院檢查多日，認為右腎生瘤，於三月十六日手術割右腎，但尿血仍不止。自此，梁啟超的便血之多寡，視工作之勞逸而定。醫者囑他靜養，每兩三個月注血一次。出醫之後，梁啟超講學於清華、燕京，不聽勸誡。

一九二八年四月，梁啟超回天津休養，一旦身心過勞或動感情，病情就轉重，一年中小便堵塞三次。范公靜生逝世時，梁啟超傷感至小便不通二十九小時。六月二十七日，小便不通五十餘小時。八月十三日，梁思成夫婦回到家中，梁啟超悲喜交集，小便堵塞二十餘小時。九月二十七日，梁啟超痔瘡復發，入協和醫治。醫生讓每日服瀉油，使梁啟超食欲全失。當時梁啟超正在撰寫《辛稼軒年譜》，入院數日，搜得稼軒逸事二種，立刻出院，到家後坐著寫作三天，十月十二日後再不能支，從此臥床不起。十一月二十七日，梁啟超忽然說要去協和醫治，次日住院。協和檢查數日，發現梁啟超肺部攝影似有肺痨，左脅微腫，取痰化驗，發現一種「末乃厲」（Monelli）菌，左脅腫處取出膿血化驗，結果亦同。十二月七日，梁啟超小便又堵塞約三十小時。十七日，病勢轉惡，寒熱交作。二十四日，注血兩百毫升，反動甚劇。醫生以藥菌劇鬥，傷人元氣，不再給藥。

梁啟超永遠沉睡之後，梁氏家族於二月十七日舉行開吊。是日，其知友同志及各界，分別在京、滬舉行追悼大會。

北平各界與廣東旅平同鄉會在老牆根廣惠寺公祭，前來的團體尚志學會、時務學會、清華大學研究院、香山慈幼院、松坡圖書館、司法儲才館、廣東旅平同鄉會等團體，以及熊希齡、丁文江、胡適、錢玄同等五百餘人。

老牆根廣惠寺相傳建於元朝。公祭之日，廣東旅平同鄉在大門前高紮一座藍花白地素牌樓，並用藍花紮成「追悼梁任公先生大會」等字樣。

門內為奏哀樂處，高懸閻錫山輓聯「著作等身，試問當代英年，有幾多私淑弟子；澄清攬轡，深慨同時群彥，更誰是繼起人才」。

祭臺前用素花紮成牌樓，綴有「天喪斯文」四個大字，懸熊希齡輓聯「十餘年患難深交，有同骨肉，舍時去何先，著書未完難瞑目；數小時行程遲誤，莫接聲容，悲余來已晚，撫棺一痛更傷心」。

內佛堂布滿了祭聯、哀章三千餘件。梁氏後人思成、思禮、思懿、思達、思寧與林徽因女士麻衣草履，俯伏在靈幃內，稽顙叩謝，泣不可仰。無數唁電、輓聯、悼念詩歌，在寒風中嗚咽。

馮玉祥送輓聯：

矢志移山亦艱苦，大才如海更縱橫。

王士珍送輓聯：

讀萬卷書，行萬里路，公真天下健者；
生有自來，死有所歸，我為斯世惜之。

唐蟒送輓聯：

開中國風氣之先，文化革新，論功不在孫黃後；
愧藐躬事業未就，門牆忝列，傷世長為屈賈哀。

蔡元培送輓聯：

保障共和，應與松坡同不朽；宣傳歐化，寧辭五就比阿衡。

清華國學研究院正幹事侯鍔〈哭任公詩二首〉頗為醒目：

忽見滄江晚，冥冥何所之。京塵吹日落，園樹助群悲。
憂國死未已，新民志可期。平生心力在，回首淚絲垂。
獨挽神州厄，一言天下驚。此身終報國，何意計勳名。
正氣永不死，宏篇老更成。西山能入座，已是百年情。

同日，旅滬的寓公與任公雅故，設奠於上海靜安寺舉行公祭。陳散原、張元濟主祭，陳叔通、李拔可分任招待。禮堂中懸梁啟超小像，布滿鮮花蔬果。四壁懸輓聯，白馬素車。名流到場者跟北京公祭相比亦不少。

張東蓀送輓聯：

本方寸間不容已願輪，為先哲後哲續千燈，學通中外古今，言滿天下，名滿天下，智過於師，萬口爭傳大王路；是歷史上有關係人物，更升平津平張三世，身閱壞空成住，知惟春秋，罪惟春秋，泣盡心血，一生肯作寧馨兒。

楊杏佛送輓聯：

文開白話先河，自有勳勞垂學史；政似青苗一派，終憐憑藉誤英雄。

高夢旦送輓聯：

不朽在立言，獨有千秋追介甫；自任以天下，何辭五就比阿衡。

輓聯甚多，不一一列舉。這些輓聯皆追憶梁啟超一生成就，追思其高尚靈魂，表彰其功德情操。梁啟超一生，與康有為共舉改良變法之旗，後又獨開晚清文學改良運動，助力摧毀清王朝統治以結束中國漫長的黑暗社會，吹響了五四運動的號角。正如北大學者夏曉虹在《覺世與傳世》中的評價：

在晚清文壇上，梁啟超首開風氣，用明確、極端的語言強調文學變革的必要性，呼喚「詩界革命」、「文界革命」和「小說界革命」。而這一切，又是基於文學尤其是小說，在改良群治中有決定作用的理解，並以此為核心，形成了他的「文學救國」思想；更推而廣之，使之成為晚清文學改良運動的理論支柱，促進了這個運動的形成與全面展開。可以毫不誇張地說，梁啟超的聲音籠罩了整個中國近代文學界，其回聲既廣且長。

錢鍾書之父錢基博的看法也頗有見地，他在一九三〇年出版的《現代中國文學史》中說：

迄今六十歲以下三十歲以上之士大夫，論政持學，殆無不為之默化潛移者！可以想見啟超文學感化力之偉大焉！

胡適在《四十自述》中，親切而公允地寫道：

這一年（一九〇四年）之中，我們都經歷了思想上一種激烈變動，都自命為「新人物」了。二哥給我的一大籃子的「新書」，其中很多是梁啟超先生一派的著述，這時代是梁先生文章最有勢力的時代。

我個人受了梁先生無窮的恩惠，現在追想起來，有兩點最分明，第一是他的《新民說》……

梁先生的文章，明白曉暢之中，帶著濃摯的熱情，使讀的人不能不跟著他走，不能不跟他想。

周作人自己深受梁啟超的影響，認定「為人生的藝術」，以「文學救國」。同時，他在《關於魯迅之二》中敘述，魯迅在日本讀了梁啟超編的《新小說》後，受到很大影響。後來魯迅棄醫從文，想以文學改變國民精神。

章太炎先生對梁啟超的評價，從他的輓聯與自序中可見一斑。

至客臘聞尊公疾篤，未及竟於報紙得訃。平生知友零落殆盡，惻愴何極。所致輓聯，雖無奇特，然以為能寫尊公心跡，亦即鄙人與尊公相知之素也。

進退上下，式躍在淵，以師長責言，匡複深心姑屈己；恢詭譎怪，道通為一，逮梟雄僭制，共和再造賴斯人。

國外也在追悼梁啟超，美國《史學界消息》登載了梁啟超逝世的消息，在追憶其一生的成就之後說：

就是這個年輕人（梁啟超），以非凡的精神活力和自成一格的文風，贏得全中國知識界的領袖頭銜，並保留它一直到去世。表現在他的文風和他的思想裡的這種能夠跟上時代變遷的才華，可以說是由於他嚴格執行他自己常常對人引用的格言：「切勿猶疑以今日之我宣判昨日之我。」（梁思莊譯自《美國歷史評論》）

當然，對梁啟超的評價一直是褒貶不一，批判者亦不乏其人其文。一九六〇年代初，筆者就讀大學中文系時，游國恩等人主編的《中國文學史》（人民文學出版社）作為教材。該書在評價梁啟超時，有這樣的話：

他是康有為的弟子，是資產階段改良運動傑出的宣傳家。戊戌變法前，他曾和康有為聯合各省舉人上書請變法，領導京師和上海的強學會活動；旋又和黃遵憲等在上海創辦《時務報》，著《變法通議》，主張「廢科舉，興學校，亦時時發民權論」；後又主講長沙時務學堂，「又多言清代故實，臚舉失政，盛信革命」。他的宣傳活動，對改良運動的發展起了極大的推動作用。戊戌變法失敗後，他流亡日本，和康有為組織保皇會；創辦

《清議報》、《新民叢報》、《新小說》等雜誌，堅持改良主義立場，在政治上走上了反對資產階段民主革命的反動道路，但他同時努力於西方社會科學的介紹，中國傳統的學術思想的整理和歷史文化的研究，對動搖舊思想、舊文化，傳布新思想、新文化，也起了廣泛的影響和一定的積極作用。

既已認定是走上了「反對資產階段民主革命的反動道路」，怎麼會「對動搖舊思想、舊文化，傳布新思想、新文化，也起了廣泛的影響和一定的積極作用」？這種結論，並沒有能作為支撐的材料，在邏輯上說不通。游國恩等人主編的《中國文學史》全文引用了梁啟超於一九〇〇年撰寫的《少年中國說》。梁啟超在當時能寫出這樣具有強國夢想的雄文，猛烈衝擊傳統舊文化、舊政治，解放晚清文體，為「五四」白話文運動開闢了道路，積極歌頌少壯精神，肯定不是走上了「反動道路」。

外一篇

教育是教人學做人，做個慈父言傳身教

梁啟超是一位傑出的教育家，既重視社會教育、學校教育，又重視家庭教育。

早在光緒二十三年（一八九七），梁啟超就應湖南巡撫陳寶箴等人的邀請，到長沙時務學堂任中文總教習。後來，梁啟超長期任教於清華國學研究院。梁啟超一直強調，教育事業關係國家的前途，辦好教育是救國圖存，使國家民族強盛起來的頭等大事。梁啟超曾在《變法通議》中提出重視師範教育和女子教育的主張，並親力親為，「得天下英才而教育之」，苦心孤詣，培養了大量有成就的人才，桃李滿天下。梁啟超子女較多，長大成人的共有五男四女，在他的精心教育之下，九個子女皆成棟梁之材。

梁夫人李蕙仙有兩女一男：長女思順（一八九三——一九六六）成為詩詞研究專家；長子思成（一九〇一——一九七二），成為傑出的建築學家；女兒思莊（一九〇八——一九八六），繼承梁啟超衣缽，成為圖書館學專家。王桂荃有六個子女：兒子思永（一九〇四——一九五四），成為中國近代考古學的開拓者之一；兒子思忠（一九〇七——一九三二）畢業於美國西點軍校，參加過淞滬會戰；兒子思達（一九一二——二〇〇一），成為經濟學家；女兒思懿（一九一四——一九八八），成為社會活動家，從事對外友好聯絡工作；女兒思寧（一九一六——二〇〇六）就讀南開大學，後來加入中國共產黨，從事宣傳工作；兒子思禮（一九二四——二〇一六），成為導彈和火箭控制系統專家。

值得一提的是，梁啟超一生致力於政治活動和學術研究，基本無暇顧及家務，但從不懈怠於對子女的教育，非常關心子女的思想、學習和生活。李蕙仙主家政，王桂荃操持家務，梁家全家和樂融融。梁夫人和梁啟超相繼去世後，王桂荃成為九個子女的依靠。別的無須多說，單從中華人民共和國成立之後，與長女梁思順商量，將梁啟超遺留在飲冰室的全部手稿捐贈給北京圖書館一事來看，她確實開明、識大體。

梁啟超在〈教育與政治〉一文中指出：

> 教育是什麼？教育是，教人學做人——學做現代人。不是教他學會做單獨一個人便了，還要教他學會做父母，做兒女，做丈夫，做妻子，做夥計……乃至做國民。任憑你怎麼的厭惡政治，你總不能找一個沒有政治的地方生活。不是生活於良政治之下，便生活於惡政治之下。惡政治的結果怎麼樣呢？哈哈，不客氣，硬叫你們生活不成。

梁啟超教育子女的方法獨特，除了耳提面命、言傳身教，日常還透過書信對子女進行潛移默化的教育，效果非常好。

梁啟超特別注意對子女進行愛國思想教育。作為中國知識分子的領袖，梁啟超的思想和文風一直隨著時代變化而變化。他的著名格言是「以今日之我，宣判昨日之我」，但其殷殷的愛國之情從未動搖，他持之以恆地對子女進行愛國教育。愛國主義如同一條紅線，貫穿了他的思想及教育子女的活動，其子女個個成為愛國者。因此，梁啟超不愧為中國近代史上傑出的愛國者。

以梁啟超一九二七年八月二十九日從飲冰室寫給孩子們的信為例。

一個多月沒有寫信，只怕把你們急壞了。

不寫信的理由很簡單，因為向來給你們的信總在晚上寫的，今年熱得要命，加以蚊子的群眾運動比武漢民黨還要厲害，晚上不是在院子外頭，就是在帳子裡頭，簡直五六十晚沒有挨著書桌子，自然沒有寫信的機會了。加以思永回來後，諒來他去信不少，我越發落得躲懶了。

關於忠忠學業的事情，我新近去過一封電，又思永有兩封信詳細商量，想早已收到。我的主張是叫他在威士康遜把政治學告一段落，再回到本國學陸軍。因為美國絕非學陸軍之地，而且在軍界活動，非在本國有些「同學系」的關係不可以，所以「打人學校」決不要進。至於國內何校最好，我在一年內切實替你調查預備便是。

思成再留美一年，轉學歐洲一年，然後歸來最好。關於思成學業，我有點意見。思成所學太專門了，我願意你趁畢業後一兩年，分出點光陰多學些常識，尤其是文學或人文科學中之某部門，稍微多用點工夫。我怕你因所學太專門之故，把生活也弄成近於單調，太單調的生活，容易厭倦，厭倦即為苦惱，乃至墮落之根源。再者，一個人想要交友取益，或讀書取益，也要方面稍多，才有接談交換或開卷引進的機會。不獨朋友而已，即如在家庭裡頭，像你有我這樣一位爹爹，也屬人生難逢的幸福。若你的學問興味太過單調，將來也會和我相對詞竭，不能領著我的教訓，你全生活中本來應享的樂趣，也削減不少了。我是學問趣味方面極多的人，我之所以不能專精有成者在此，然而我的生活內容異常豐富，能夠永久保持不厭不倦的精神，亦未始不在此。我每歷若干時候，趣味轉過新方面，便覺得像換個新生命，如朝旭升天，如新荷出水，我自覺這種生活是極可愛的，極有價值的。我雖不願你們學我那氾濫無歸的短處，但最少也想你們參采我那爛漫向榮的長處。這封信你們留著，也算我自作的小小像贊。我這兩年來對於我的思成，不知何故常常像有異兆的感覺，怕他漸漸會走入孤峭冷僻一路去。我希望你回來見我時，還我一個三四年前活潑有春氣的孩子，我就心滿意足了。這種境界，固然關係人格修養之全部，但學業上之薰染陶鎔，影響亦非小。因為我們做學問的人，學業便占卻全生活之主要部分。學業內容之充實擴大，與生命內容之充實擴大成正比例。所以我想醫你的病，或預防你的病，不能不注意及此。這些話許久要和你講，因為你沒有畢業以前，要注重你的專門，不願你分心，現在機會到了，不能不慎重和你說。你看了這信，意見如何？徽音意思如何？無論校課如何忙迫，是必要回我一封稍長的信，令我安心。

你常常頭痛，也是令我不能放心的一件事。你生來體氣不如弟妹們強壯，自己便當自己格外撙節補救，若用力過猛，把將來一身健康的幸福削減去，這是何等不上算的事呀！前在費校功課太重，也是無法，今年轉校之後，務須稍變態度。我國古來先哲教人做學問方法，最重優遊涵飫，使自得之。這句話以我幾十年之經驗結果，越看越覺得這話親切有味。凡做學問總要「猛火熬」和「慢火燉」兩種工作迴圈交互著用去。在慢火燉的時候，才能令所熬的起消化作用，融洽而實有諸己。思成，你已經熬過三年了，這一年正該用燉的工夫。不獨於你身子有益，即為你的學業計，亦非如此不能得益。你務要聽爹爹苦口良言。

莊莊在極難升級的大學中居然升級了，從年齡上你們姐妹弟兄們比較，你算是最早一個大學二年級生，你想爹爹聽著多麼歡喜。你今年還是普通科大學生，明年便要選定專門了，你現在打算選擇沒有？我想你們弟兄姊妹，到今還沒有一個學自然科學，很是我們家裡的憾事，不知道你性情到底近這方面不？我很想你以生物學為主科，因為它是現代最進步的自然科學，而且為哲學、社會學之主要基礎，極有趣而不須粗重的工作，於女孩子極為合宜，學回來後本國的生物隨在可以採集試驗，容易有新發明。截到今日止，中國女子還沒有人學這門，男子也很少。你來做一個「先登者」不好嗎？還有一樣，因為這門學問與一切人文科學有密切關係，你學成回來可以做爹爹一個大幫手，我將來許多著作，還要請你做顧問哩！不好嗎？你自己若覺得性情還近，那麼就選他，還選一兩樣和他有密切聯絡的學科以為輔。你們學校若有這門的好教授，便留校，否則在美國選一個最好的學校轉去，姊姊、哥哥們當然會替你調查妥善，你自己想想定主意罷。

專門科學之外，還要選一兩樣關於自己娛樂的學問，如音樂、文學、美術等。據你三哥說，你近來看文學書不少，甚好，甚好。你本來有些音樂天才，能夠用點功，叫他發榮滋長最好。

姊姊來信說你因用功太過，不時有些病。你身子還好，我倒不十分擔心。但做學問原不必太求猛進，像裝罐頭樣子，塞得太多太急，不見得便會受益。我方才教訓你二哥，說那「優遊涵飫，使自得之」，那兩句話，你還要記著受用才好。

你想家想極了，這本難怪，但日子過得極快，你看你三哥轉眼已經回來了，再過三年你便變成一個學者回來幫著爹爹工作，多麼快活呀！

思順報告營業情形的信已到。以區區資本而獲利如此其豐，實出意外，希哲不知費多少心血了。但他是一位閒不得的人，諒來不以為勞苦。永年保險押借款剩餘之部及陸續歸還之部，擬隨時匯到你們那裡經營。永年保險明年秋間便滿期，現在借款認息八厘，打算索性不還他，到明年照扣便了。又國內股票公債等，如可出脫者，只要有人買。打算都賣去，欲再湊美金萬元交你們。只怕不容易。因為國內經濟界全體破產即在目前，舊物只怕都成廢紙了。

我們爺兒倆常打心電，真是奇怪。給他們生日禮一事，我兩月前已經和王姨談過，寫信時要說的話太多，竟忘記寫去，誰知你又想起來了。耶穌誕我卻從未想起。現在可依你來信辦理。幾個學生都照給他們壓歲錢、生日禮、耶穌誕各二十元。桂兒姊弟壓歲、耶穌各十元，你們兩夫婦卻只給壓歲錢，別的都不給了，你們不說爹爹偏心嗎？

我數日前因鬧肚子，帶著發熱，鬧了好幾天，舊病也跟著發得厲害。新病好了之後，唐天如替我制一藥膏，方服了三天，舊病又好去大半了。現在天氣已涼，人極舒服。

這幾天幾位萬木草堂老同學韓樹園、徐君勉、伍憲子都來這裡共商南海先生身後事宜，他家裡真是八塌糊塗，沒有辦法。最糟的是他一位女婿。三姑爺。南海生時已經種種搗鬼，連偷帶騙，南海現在負債六七萬，至少有一半算是欠他的。他串同外人來盤剝。現在還是他在那裡把持，二姨太是三小姐的生母，現在當家，惟女兒女婿之言是聽，外人有什麼辦法。君勉任勞任怨想要整頓一下，便有「干涉內政」的謗言，只好置之不理。他那兩位世兄和思忠、思莊同庚，現在還是一點事不懂，遠不及達達、司馬懿。活是兩個傻大少。人當不壞，但是飯桶，將來亦怕變壞。還有兩位在家的小姐，將來不知被那三姑爺擺弄到什麼結果，比起我們的周姑爺和你們弟兄姊妹，真成了兩極端了。我真不解，像南海先生這樣一個人，為什麼全不會管教兒女，弄成這樣局面。

我們共同商議的結果，除了刊刻遺書由我們門生負責外，盼望能籌些款，由我們保管著，等到他家私花盡，現在還有房屋、書籍、字畫等所值不少。能夠稍微接濟那兩位傻大少及可憐的小姐，算稍盡點心罷了。

思成結婚事，他們兩人商量最好的辦法，我無不贊成。在這三幾個月當先在國內舉行莊重的聘禮，大約須在北京，林家由徽的姑丈們代行，等商量好再報告你們。福鬘來津住了幾天，現在思永在京，他們當短不了時時見面。

達達們功課很忙，但他們做得興高采烈，都很有進步。下半年都不進學校了，良慶在南開中學當教員。給他們補些英文、算學，照此一年下去，也許抵得過學校裡兩年。

老白鼻越發好頑了。

爹爹　八月廿九日

兩點鐘了，不寫了。

後來成為中華人民共和國宇航專家、國際宇航聯副主席的梁思禮，在回答記者「你從父親那裡繼承下來的寶貴東西是什麼」之問時，很肯定地說：「愛國！」梁思禮說：「父親生前說過，『人必須真有愛國心，然後可以用大事』，這一句話，支援了我一生的追求。」

梁思禮的話，代表了他們九位兄弟姊妹的愛國情懷，梁啟超教育出來的子女，皆鞠躬盡瘁地為中國的建設奉獻了一生。梁啟超子女中，兩位沒有出國深造的：一位在年輕時就參加了新四軍，抗擊日寇，奉獻了青春和熱血；一位在大學畢業後，投入火熱的建築，為國家的經濟做出了貢獻。七位出國留學深造的，學成之後，沒有一位留在國外，全部回到中國，為國家的建築添磚加瓦。

長子梁思成，留學美國，成績優秀，曾在美國講學，不少地方欲讓他留下工作，但他斷然偕妻子林徽因歸國。

長女梁思順自幼受到梁啟超的薰陶和教育，愛好詩詞和音樂，長期擔任父親助手，盡心照顧弟弟妹妹。她曾隨當外交官的丈夫周希哲出使菲律賓、緬甸、加拿大等地，在一九三八年周希哲去世後，獨自撫養四個孩子，雖然生活十分困難，但堅決不肯為日本人做事。她在抗戰勝利後拒當「國大」代表，向解放區捐衣捐物。中華人民共和國成立之後，她積極參加各種社會活動，曾任北京市東城區政協委員。她編有《藝蘅館詞選》，是研究梁啟超學術思想的重要參考資料。

次女梁思莊，獲加拿大麥吉爾大學文學學士學位和美國哥倫比亞大學圖書館學學士學位，一九三六年在北京燕京大學圖書館工作，中華人民共和國成立後任北京大學圖書館副館長，一生致力於圖書館西文編目、參考諮詢和教學工作，為圖書館事業傾盡心血。在她的指導下，北京大學圖書館編制了幾十萬種西方圖書的目錄。

梁思寧，早年曾就讀於南開大學，因一九三七年日寇轟炸南開而失學。一九四〇年，在三姐梁思懿的影響下，梁思寧投奔了新四軍，主要從事宣傳工作，次年加入中國共產黨。中華人民共和國成立初期，陳毅元帥對梁思成說過：「當年我手下有兩個特殊的兵，一個是梁啟超的女兒，一個是章太炎的兒子。」這裡所說的梁啟超的女兒，就是梁思寧。

梁思禮，他於一九四五年獲美國普渡大學學士學位後，又在辛辛那提大學獲得碩士學位和博士學位，中華人民共和國成立後歸國。他曾負責起草中國運載火箭的長遠計畫，是火箭系統控制專家。也曾擔任國防部第五研究院導彈系統研究室主任，是中國導彈控制系統研製創始人之一，是航太CAD的宣導者和奠基人。他還曾獲得國家科技進步特等獎、國家科技進步二等獎等獎項。

在梁啟超的愛國思想哺育下，九位子女個個熱愛國家，將滿腔熱血奉獻給國家，可謂「滿門忠烈」。

梁啟超還總是教育子女努力學習，積極工作，做到做一行，愛一行，專一行。在一九二六年一月五日致梁思成的信中，他勉勵兒子努力把所學之學問學好，回到社會上「創造世界才是」。

我初二進城，因林家事奔走三天，至今尚未返清華。前星期因有營口安電，我們安慰一會。初二晨，得續電又復絕望。立刻電告你併發一信，想俱收。徽音有電來，問現在何處？電到時此間已接第二次凶電，故不覆。昨晚彼中脫難之人，到京面述情形，希望全絕。今日已發喪了。遭難情形，我也不忍詳報，只報告兩句話：（一）系中流彈而死，死時當無大痛苦。（二）遺骸已被焚燒，無從運回了。我們這幾天奔走後事，昨日上午我在王熙農家連四位姑太太都見著了，今日到雪池見著兩位姨太太。現在林家只有現錢三百餘元，營口公司被張作霖監視中，現正托日本人保護，聲稱已抵押日款，或可幸全。實則此公司即能保全，前途辦法亦甚困難。字畫一時不能脫手，親友賻奠數恐亦甚微。目前家境已難支持，此後兒女教育費更不知從何說起。現在惟一的辦法，僅有一條路，即國際聯盟會長一職，每月可有兩千元收入。錢是有法拿到的。我昨日下午和汪年伯商量，請他接手，而將所入仍歸林家，汪年伯慷慨答應了。現在與政府交涉，請其立刻發表。此事若辦到，而能繼續一兩年，則稍為積儲，可以充將來家計之一部分。我們擬聯合幾位朋友，連同他家兄弟親戚，組織一個撫養遺族評議會，托醒樓及王熙農、卓君庸三人專司執行。因為他們家裡問題很複雜，兄弟親戚們或有見得到而不便主張者，則朋友們代為主張。這些事過幾天，待喪事辦完後。我打算約齊各人，當著兩位姨太太面前宣布辦法，分擔責成。家事如何收束等等，經我們議定後，誰也不許反抗。但現在惟一希望，在聯盟會事成功，若不成，我們也束手無策了。

徽音的娘，除自已悲痛外，最掛念的是徽音要急煞。我告訴他，我已經有很長的信給你們了。徽音好孩子，諒來還能信我的話。我問他還有什麼特別。話要我轉告徽音沒有。他說：「沒有，只有盼望徽音安命，自己保養身體，此時不必回國。」我的話前兩封信都已說過了，現在也沒有別的話說，只要你認真解慰便好了。徽音學費現在還有多少，還能支持幾個月，可立刻告我，我日內當極力設法，籌多少寄來。我現在雖然也很困難，只好對付一天是一天，倘若家裡那幾種股票還有利息可分，恐怕最靠得住的幾個公司都會發生問題，因為在喪亂如麻的世界中，什麼事業都無可做。今年總可勉強支持，明年再說明年的話。天下大亂之時，今天誰也料不到明天的事，只好隨遇而安罷了。你們現在著急也無益，只有努力把自己學問學夠了回來，創造世界才是。

（民國）十五年一月五日晚　爹爹　北海圖書館寫

今日為林叔作一行述，隨訃聞印發，因措辭甚難，牽涉政治問題大多。故用其弟天民名義，汪年伯事至今尚未發表，焦急之至。

七日晚　爹爹　清華

今日林宅成服，我未到，因校中已缺課數日，昨夕回校上堂。

該信寫的是林徽因之父林長民在東北遇難和喪事事宜。從信函中足見梁啟超對親家的深情厚誼，讓人想起李白寫給好友王昌齡的詩句：「我寄愁心予明月，隨風直到夜郎西。」

這就是文人間「肝膽一古劍，波濤兩浮萍」般的深厚友誼。

梁思成讀完此信，自然瞭解父親盼自己「學問學夠了回來，創造世界才是」的殷殷囑託，亦當知父親那種「既以為人，己愈有；既以與人，己愈多」的文人仁心和道義。梁啟超教育子女，會從孩子幼年時抓起，教育他們無論何時都要吃苦耐勞、勤儉節約，在困難中磨煉人格，不要追求奢華和享受。從一九二七年五月五日、五月十三日及一九二八年六月十八日，他從飲冰室發給孩子們的信件中，便可了然。

在一九二七年五月五日至孩子們的信中，梁啟超說：

以下的話專教訓忠忠。

三個禮拜前，接忠忠信，商量回國，在我萬千心事中又增加一重心事。我有好多天把這問題在我腦裡盤旋。因為你要求我祕密，我尊重你的意思，在你二叔、你娘娘跟前也未提起，我回你的信也不由你姊姊那裡轉。但是關於你終身一件大事情，本來應該和你姊姊、哥哥們商量，因為你姊姊、哥哥不同別家，他們都是有程度的人。現在得姊姊信，知道你有一部分祕密已經向姊姊吐露了，所以我就在這公信內把我替你打算的和盤說出，順便等姊姊、哥哥們都替你籌劃一下。

你想自己改造環境，吃苦冒險，這種精神是很值得誇獎的，我看見你信非常喜歡。你們諒來都知道，爹爹雖然是摯愛你們，卻從不肯姑息溺愛，常常盼望你們在困苦危險中把人格力磨練出來。你看這回西域冒險旅行，我想你三哥加入，不知多少起勁，就這一件事也很可以證明你爹爹愛你們是如何的愛法了。

八天之後，梁啟超在給長女梁思順的信中，再次告誡孩子們要在困境磨練人格。信中說：

生當亂世，要吃得苦，才能站得住。其實何止亂世為然。一個人在物質上的享用，只要能維持著生命便夠了。至於快樂與否，全不是物質上可以支配。能在困苦中求出快活，才真是會打算盤哩。何況你們並不算窮苦呢？拿你們比你們兩個人的父母，已經舒服多少倍了，以後困苦日子，也許要比現在加多少倍，拿現在當作一種學校，慢慢磨練自己，真是最好不過的事。

一九二八年六月十九日，在給長女梁思順的信中，梁啟超再次教育子女，要準備在困難中工作、生活。

奉天形勢雖極危險，但東北大學決不至受影響，思成聘書已代收下，每月薪金兩百六十五元。系初到校教員中之最高額報酬。那邊建築事業將來有大發展的機會，比溫柔鄉的清華園強多了。但現在總比不上在北京舒服，不知他們夫婦願意不？尚未得他信，他來信總是很少。我想有志氣的孩子，總應該往吃苦路上走。

梁啟超不願孩子在舒服的地方工作生活，特意將梁思成安排在生活條件艱苦的東北大學任教，可見其良苦用心。當時，梁啟超上了年紀，又患病在身，將孩子留在身邊照料也算無可厚非，但考慮要培養有志氣、有作為的國之棟梁，他硬是讓孩子往「吃苦路上走」。

梁啟超教育孩子，還有一個特點，便是為人父，從不擺出一副「嚴父」的面孔，也不完全按照自己的想法向子女死板說教。從他給子女的多封信件中，我們可以看到一位和藹可親的慈父形象，他做任何決定，都是與孩子們平等、民主地交談，商量後定奪。平時，梁啟超將孩子們看成朋友、同志，有時甚至視為老師，向他們學習。

倘若發現子女有做得不夠的地方，梁啟超總是孜孜不倦地講道理，直到講通，孩子接受為止。無論做什麼事，他絕不強求，讓孩子自己選擇，並尊重兒女的決定。從他給孩子們的信件中，這種民主、平等的作法極突出地顯現出來。

梁啟超流亡海外時，其生活主要靠華僑資助，生活並不富裕。歸國之後，他雖然做過幾次高官，但他為人正直，做官清廉，加之任期都很短，要支撐這麼多兒女求學，經濟自然很拮据。在這種環境下，梁啟超的兒女從小便養成了克勤克儉，過極普通人生活的習慣。

後來，梁啟超有大量學術著作出版，又到清華國學研究院任導師，日子才漸漸富裕起來。在天津買地建寓所和飲冰室書齋，是他在生活上最風光的時日。但是兒女大多出國深造，開銷不菲，生活上又開始有些窘迫。梁思成留學美國時，曾在餐館洗過盤子，在罐頭廠當過裝罐頭的小工，在游泳池當過救生員等。作為名人之後，梁啟超的兒女從不以父親炫耀，求別人照顧，而是「流自己的汗，吃自己的飯」，靠個人刻苦努力，求得學業、事業上的成就。

作為學者的梁啟超，一直在從事教學工作、學術研究，到處演說，十分忙碌，但每到週末，他總要擠出幾個小時的時間，回到飲冰室與孩子們玩耍。他們在花園裡捉迷藏，在書房裡講故事、猜謎語，梁啟超活潑得像個孩子。梁思禮是一九二四年出生的，那時梁啟超已經五十一歲，在當時算是老人了，但他童心未泯，與小梁思禮玩耍，將他呼為「老Baby」，後來又稱「老白鼻」。父子倆玩得不亦樂乎，梁啟超經常將小梁思禮天真爛漫、令人發笑的情態，寫信告訴梁思順。

一個與孩子們親密相處、童心不泯的慈父梁啟超，就這樣活生生地矗立在我們的面前。《漢書・韋賢傳》中曰：「遺子黃金滿籯（音同營，竹籠），不如一經。」長輩留給後人的精神遺產，莫過於以身作則、言傳身教。

梁啟超作為家長，教育子女的經驗，值得學習和借鑒。

附錄

梁啟超家書

梁啟超的家書，乃其教育子女的良方，一直被視為樸素經典的教育文本。讀之，可見梁任公「利於國者愛之，害於國者惡之」（《晏子春秋》）的博大胸襟，以及「教之以方義，弗納於邪」（《左傳・隱公三年》）的慈父精神。梁任公將子女全部培養成了國之棟梁，以下選取十封家書，以饗讀者。

一九二三年一月七日 致梁思順書

寶貝思順：

我三十一夜裡去上海，前晚夜裡回來，在上海請法國醫生診驗身體，說的確有心臟病，但初起甚微，只須靜養幾個月便好。我這時真有點害怕了，本來這一個星期內，打算拼命把欠下的演說債都還清，現在不敢放恣了，只有五次講義講完就走，每次一點鐘。酒是要絕對的戒絕了，煙卻不能。醫生不許我多說話，不許連續講演到一點鐘以外，不許多跑路，這一著正中下懷。最要緊是多睡覺，也願意。說這一著比吃什麼藥都好。

我回家後，當然一次講演都沒有，我便連日連夜睡他十來點鐘，當然就會好了。你卻不許掛心，掛心我就什麼都不告訴你了。我本來想到日本頑頑，可巧接著日本留學生會館來書要我去講演，而且說日本有幾個大學也打算聯合來請，嚇得我不敢去了。若沒有病，我真高興去。今年上半年陽曆計。北京高師要請我，要和別的學校競爭，出到千元一月之報酬。可笑，我即往，亦不能受此重酬。東南學生又聯合全體向我請願，我只得一概謝絕了。回津後只好杜門不出，因為這幾年演講成了例，無論到什麼地方也免不掉，只得回避了。我准十五日回家，到家尚在汝母生日前兩日哩。思成和徽音已有成言，我告思成須彼此學成後乃訂婚約，婚約定後不久便結婚。林家欲即行訂婚，朋友中也多說該如此，你的意見怎樣呢？

父諭成、永、忠。

爹爹　一月七日

寶貝思順：

我三十一夜裏去上海，前晚夜裏回來，在上海請醫生（德國）診驗身體，說的確有心臟病，但初起甚微，只須靜養幾個月便好。我這時真有點害怕了，本來這一個星期內打算拚命把欠下的演說債都還清（每次一點鐘），現在不敢放恣了，只有五次講義我講完就走，酒是要絕對的戒絕了，烟卻不能。醫生不許我多說話，因不許連續講演到一點鐘以外，不許多跑路，最要是多睡覺（這一着正中下懷，也都是意），說這一着比喫什麼藥都好。我回家後當然一次講演都沒有，我便連日來夜睡他十來點鐘，當然就會好了，你卻不許掛心，々々我就什麼都不告訴你了。我本來想到日本頑々，可巧接着日本留學生會館來書要我去講演，而且說日本有幾個大學也打算聯合來請（若從前有病我真高興去），惜哉的我不敢去了。今年上半年（陽曆計）北京高師要請我，要和別的學校競爭，出到千元一月之報酬（可惜我卻只不能受此）。

一九二三年五月八日　致梁思順書

寶貝思順：

你看見今日《晨報》，定要嚇壞了。我現在極高興地告訴你，我們借祖宗功德庇蔭，你所最愛的兩位弟弟，昨日從閻王手裡把性命爭回。我在西山住了差不多一個月，你是知道的，昨日是你二叔生日，又是五七國恥紀念，學生示威遊行，那三個淘氣精都跟著我進城來了。約摸午前。十一點時候，思成、思永同坐菲律賓帶來的小汽車出門，正出南長街口，被一大汽車橫撞過來，兩個都碰倒在地。思永滿面流血，飛跑回家，大家正在驚慌失色，他說快去救二哥罷，二哥碰壞了。等到曹五將思成背到家來，臉上一點血色也沒有，兩個孩子真勇敢得可愛，思成受如此重傷，忍耐得住，還安慰我們；思永傷亦不輕，還拼命看護他的哥哥。眼睛也幾乎定了。思忠看見兩個哥哥如此，呱的一聲哭起來，幾乎暈死。我們那時候不知傷在何處，眼看著更無指望，勉強把心鎮定了，趕緊請醫生。你三姑丈和七叔乘汽車去，幸我有借來的汽車在門。差不多一點鐘才把醫生捉來。出事後約摸二十多分鐘，思成漸漸回轉過來了，血色也有了，我去拉他的手，他使勁握著我不放，抱著親我的臉，說道：爹爹啊，你的不孝順兒子，爹爹媽媽還沒有完全把這身體交給我，我便把他毀壞了，你別要想我罷。又說，千萬不可告訴媽媽。又說，姐姐在哪裡，我怎樣能見她？我那時候心真碎了，只得勉強說，不要緊，不許著急。但我看見他臉色回轉過來，實在亦已經放心許多。我心裡想，只要拾回性命，便殘廢也甘心。後來醫生到了，全身檢視一番，腹部以上絲毫無傷，只是左腿斷了，隨即將裝載病人的汽車裝來，送往醫院。

初時大家忙著招呼思成，不甚留心思永何如。思永自己說沒有傷，跟著看護他哥哥。後來思永也睡倒了，我們又擔心他不知傷著哪裡，把他一齊送到醫院檢查。啊啊！真謝天謝地，也是腹部以上一點（傷）沒有，不過把嘴唇碰裂了一塊，腿上亦微傷。不須割不能吃東西。現在兩兄弟都在協和醫院同居一房，思永一個禮拜可以出院，思成約要八個禮拜。但思成也不須用手術，不須割。因為骨並未碎，只要紮緊，自會復原。今朝我同你二叔、三姑、七叔去看他們，他們哥兒倆已經說說笑笑，又淘氣到了不得了。昨天中飯是你姑丈和三姑合請你二叔壽酒，晚上是我請，中飯全家都沒有吃，晚飯我們卻放心暢飲壓驚了。我怕你媽媽著急發病，昨日一日瞞著沒有報告，今朝我從醫院出來，寫了一封快信，又叫那兩個淘氣精各寫一封去，大約你媽媽明天早車也要來看他們了。內中還把一個徽音也急死了，也餓著守了大半天，林家全家也跟著我們餓。如今大家都歡喜了。你二叔說，若使上帝告訴我們，說你的孩子總要受傷，傷什麼地方聽你自擇，我們只有說是請傷這裡，因為除此以外，無論傷哪裡，都是不得了。我們今天去踏查他們遇險的地方，只離一寸多，便是幾塊大石頭，若碰著頭部真是萬無生理。我們今天在六部口經過，見一個死屍橫陳，就是昨天下午汽車碰壞的人，至今還沒殯殮，想起來真驚心動魄。今年正月初二，我一出門遇著那麼一個大險，這回更險萬倍，到底皆逢凶化吉，履險如夷，真是徼天之幸。我本來不打算告訴你，因為《晨報》將情形登出，怕你一見嚇倒，所以詳細寫這封信。我今日已經打了二十多圈牌了，我兩三日後仍回西山，我在那裡住得舒服極了。每日早起，又不飲酒。

爹爹　陽曆五月八日　舊曆三月廿三日

寶貝思順你看見今日晨報定要嚇壞了我現在極高興的告訴你我們藉祖功宗德庇蔭你所最愛的弟弟昨日從閻王手裏把性命爭回我在西山住了差不多一個月你是知道的昨日是你二姊生日又是五七國恥紀念學生示威遊行那三個淘氣精都跟著我進城來了約模午前十一點時候思成思永同坐菲律賓帶來的小汽車出門到南長街口被一大汽車橫撞過來兩個都碰倒在地思永滿面流血飛跑回家大家正在驚慌

一九二五年四月十七日　致梁思順、梁思莊書

寶貝思順、小寶貝莊莊：

你們走後，我很寂寞。當晚帶著忠忠聽一次歌劇，第二日整整睡了十三個鐘頭起來，還是無聊無賴，幾次往床上睡，被阿時、忠忠拉起來，打了幾圈牌，不到十點又睡了，又睡十個多鐘頭。思順離開我多次了，所以倒不覺怎樣；莊莊這幾個月來天天挨著我，一旦遠行，我心裡著實有點難過。但為你成就學業起見，不能不忍耐這幾年。

莊莊跟著你姊姊，我是十二分放心了，但我十五日早晨吩咐你那幾段話，你要常常記在心裡，等到再見我時，把實行這話的成績交還我，我便歡喜無量了。

我昨天悶了一天，今日已經精神煥發，和你七叔講了一會書，便著手著述，已成兩千多字。現在十一點鐘，要睡覺了，趁硯臺上餘墨，寫這兩紙寄你們。

你們在日本看過什麼地方？尋著你們舊遊痕跡沒有？在船上有什麼好玩？小斐兒曾唱歌否？我盼望你們用日記體寫出，詳細寄我。能出一份《特國週報》臨時增刊尤妙。

我打算禮拜一入京，那時候你們還在上海呢。在京至多十日便回家，決意在北戴河過夏，可惜莊莊不能跟著，不然當得許多益處。

祝你們一路安適，兩個禮拜後我就盼你們電報，四個禮拜後就會得你們溫哥華來信，內中也許夾著有思成、思永信了。

十七晚　爹爹

寶貝思順　小寶貝莊莊：

你們走後，我很寂寞，當晚帶著忠忠聽一次歌劇，第二日整整睡了十三個鐘頭，起來還是無聊無賴，幾次往床上睡，被阿時、忠忠拉起來打了幾圈牌，不到十點又睡了，又睡十個多鐘頭。

思順離開我多次了，所以倒不覺怎樣，莊莊這幾個月來天天挨著我，一旦遠行，我心裏著實有點難過，但為你成就學業起見，不能不忍耐這幾年。

莊莊跟著你姊姊，我是十二分放心了，但我十五日早晨吩咐你那幾段話，你要常常記在心裏，等到再見我時，把實行這話的成績還我，我便歡喜無量了。

一九二六年二月二十七日　致孩子們書

孩子們：

我住醫院忽忽兩星期了，你們看見七叔信上所錄二叔筆記，一定又著急又心疼，尤其是莊莊只怕急得要哭了。忠忠真沒出息，他在旁邊看著出了一身大汗，隨後著點涼，回學校後竟病了幾天。這樣膽子小，還說當大將呢。那天王姨送達達回天津沒有在旁，不然也許要急出病來。其實用那點手術，並沒什麼痛苦，受麻藥過後也沒有吐，也沒有發熱，第二天就和常人一樣了。

檢查結果，既是膀胱裡無病，於是醫生當作血管破裂極微細的。醫治，每日勸多臥少動作，說「安靜是第一良藥」。兩三天以來，頗見起色，惟血尚未能盡止，比前好多了。而每日來看病的人絡繹不絕，因各報皆登載我在德醫院（除《晨報》外）。實際上反增勞碌。我很想立刻出院，克禮說再住一禮拜才放我，只好忍耐著。許多中國醫生說這病很尋常，只須幾服藥便好。我打算出院後試一試，或奏奇效，亦未可知。

天如回電不能來，勸我到上海，我想他在吳佩孚處太久，此時來北京，誠有不便。打算吃譚滌安的藥罷了。

忠忠、達達都已上學去，惟思懿原定三月一號上學，現在京、津路又不通了，只好留在清華。他們常常入城看我，但城裡流行病極多，廷燦染春溫病極重。恐受傳染，今天已驅逐他們都回清華了，惟王姨還常常來看。二叔、七叔在此天天來看。其實什麼病都沒有，並不須人招呼，家裡人來看亦不過說說笑笑罷了。

前兩天徽音有電來，請求彼家眷屬留京。或彼立歸國云云。得電後王姨親往見其母，其母說回閩屬既定之事實，日內便行，大約三五日便動身。彼回來亦不能料理家事，切囑安心求學云云。他的叔叔說十二月十五舊曆。有詳信報告情形，他得信後當可安心云云。我看他的叔叔很好，一定能令他母親和他的弟妹都得所。他還是令他自己學問告一段落為是。

卻是思成學課怕要稍微變更。他本來想思忠學工程，將來和他合作。現在忠忠既走別的路，他所學單純是美術建築，回來是否適於謀生，怕是一問題。我的計畫，本來你們姊妹弟兄個個結婚後都跟著我在家裡三幾年，等到生計完全自立後，再實行創造新家庭。但現在情形，思成結婚後不能不迎養徽音之母，立刻便須自立門戶，這便困難多了。所以生計問題，刻不容緩。我從前希望他學都市設計，只怕緩不濟急。他畢業後轉學建築工程何如？我對專門學科情形不熟，思成可細細審度，回我一信。

我所望於思永、思莊者，在將來做我助手。第一件，我做的中國史非一人之力所能成，望他們在我指導之下，幫我工作。第二件，把我工作的結果譯成外國文。永、莊兩人當專作這種預備。

正在偷偷寫信，被克禮闖進來看見，又嘮叨了好些話，不寫了。

二月廿七日　爹爹

今日是元宵，外邊花爆聲很熱鬧。

孩子們：我住醫院忽忽兩星期了，你們看見七號信

上所錄二號筆記，一定又着急又心疼，尤其是莊莊只怕急得（忠忠真沒出息，他在旁邊看時着急出了一身大汗，隨後著涼，回學校後竟病了幾天，還林膽子小些，說第七號那天七嬸

要哭了。其實用那點手術，並沒什麼痛苦，受麻藥過後也沒（這邊這邊四天併沒有出汗，不出也許要急出病來）

有嘔，也沒有發熱，第二天就和常人一樣了。檢查結果，既是

膀胱裏無病，據是醫生當作血管（極微細的）破裂醫治，每日漸少

所少動作，說「安靜」是第一良藥」，兩三天以來頗見起色，（比前好多了）

流血為是終止，而每日來看病的人絡繹不絕，（因為叔叔陪我住在醫院（除星期外））實際上

反增勞碌，我想提早出院，克禮說再住一禮拜才放我，只

好忍耐着。許多好中國醫生說，這病根本尋常，只須我服藥便好，

我打算出院後試一試。我奏二十四勸二來可知

天好回四實不能來勸我們上海我想他在四五佩二十六文 太久此附來收

親識者不便打算只說很安的前寄回去了

一九二七年一月二日　致孩子們書

孩子們：

今天總算我最近兩個月來最清閒的日子，正在一個人坐在書房裡拿著一部杜詩來吟哦。思順十一月廿九、十二月四日，思成十二月一日的信，同時到了，真高興。

今天是陽曆年初二，又是星期，所有人大概都進城去了。我昨天才從城裡回來。達達、司馬懿、六六三天前已經來了。今天午飯後他們娘娘帶他們去逛頤和園，老郭、曹五都跟去，現在只剩我和小白鼻看家。

寫到這裡，他們都回來了。滿屋子立刻喧鬧起來，和一秒鐘以前成了兩個世界。你們十個人，剛剛一半在那邊，一半在這邊，在那邊的一個個都大模大樣，在這邊的都是「小不點點」，真是有趣。

相片看見了，很高興。莊莊已經是個大孩子了，為什麼沒有戴眼鏡？比從前漂亮得多。思永還是那樣子。思成為什麼這樣瘦呢？像老了好些。思順卻像更年輕了。桂兒、瞻兒那幅不大清楚，不甚看得出來。小白鼻牽著冰車好頑極了，老白鼻絕對不肯把小兒子讓給弟弟，和他商量半天，到底不肯，只肯把爛名士讓出一半。老白鼻最怕的爹爹去美國，比吃瀉油還怕。他把這小乾兒子親了幾親，連冰車一齊交給老郭替他「收收」了。

以下說些正經事。

思成信上說徽音二月間回國的事，我一月前已經有信提過這事，想已收到。徽音回家看他娘娘一趟，原是極應該的，我也不忍阻止，但以現在情形而論，福州附近很混亂，交通極不便，有好幾位福建朋友想回去也回不成。最近三幾個月中，總怕恢復原狀的希望很少，若回來還是蹲在北京或上海，豈不更傷心嗎？況且他的娘，屢次勸他不必回來，我想還是暫不回來的好。至於清華官費，若回來考，我想沒有考不上的。過兩天我也把招考章程叫他們寄去，但若打定主意不回來，則亦用不著了。

思永回國的事，現尚未得李濟之回話。濟之三日前。已經由山西回到北京了，但我剛剛進城去，還沒有見著他。他這回採掘大有所獲，捆載了七十五箱東西回來，不久便在清華考古室今年新成立。陳列起來了，這也是我們極高興的一件事。思永的事，我本禮拜內准見著他，下次的信便有確答。

忠忠去法國的計畫，關於經費這一點毫無問題，你只管預備著便是。

思順們的生計前途，卻真可憂慮，過幾天我試和少川切實談一回，但恐沒有什麼辦法，因為使領經費據我看是絕望的，除非是調一個有收入的缺。

司法儲才館下禮拜便開館，以後我真忙死了，每禮拜大概要有三天住城裡。清華功課有增無減，因為清華寒假後兼行導師制，這是由各教授自願的，我完全不理也可以，但我不肯如此。每教授擔任指導學生十人，大學部學生要求受我指導者已十六人，我不好拒絕。又在燕京擔任有鐘點，燕京學生比清華多，他們那邊師生熱誠懇求我，也不好拒絕。真沒有一刻空閒了。但我體子已完全復原，兩個月來舊病完全不發，所以很放心工作去。

上月為北京學術講演會作四次公開的講演，講壇在舊眾議院，每次都是滿座，連講兩三點鐘，全場肅靜無嘩，每次都是距開講前一兩點鐘已經人滿。在大冷天氣，火爐也開不起，而聽眾如此熱誠，不能不令我感動。我常感覺我的工作，還不能報答社會上待我的恩惠。

我游美的意思還沒有變更，現在正商量籌款，大約非有萬金以上不夠，美金五千。若想得出法子，定要來的，你們沒有什麼意見吧？

時局變遷極可憂，北軍閥末日已到，不成問題了。北京政府命運誰也不敢作半年的保險，但一黨專制的局面誰也不能往光明上看……

思順們的留支似已寄到十一月，日內當再匯上七百五十元，由我先墊出兩個月，暫救你們之急。

寄上些中國畫給思永、忠忠、莊莊三人掛掛書房。思成處來往的人，諒來多是美術家，不好的倒不好掛，只寄些影片，大率皆故宮所藏名跡也。

現在北京災官們可憐極了。因為我近來擔任幾件事，窮親戚窮朋友們稍微得點綴。十五舅處東拼西湊三件事，合得兩百五十元，可以實得到手。勉強過得去。你媽媽最關心的是這件事，我不能不盡力設法。其餘如楊鼎甫也在圖書館任職得百元，黑二爺在儲才館。也得三十元，玉衡表叔也得六十元。許多人都望之若登仙了。

七叔得百六十元，延燦得百元，和別人比較，其實都算過分了。細婆近來心境漸好，精神亦健，是我們最高興的事。現在細婆、七嬸都住南長街，相處甚好，大約春暖後七叔或另租屋住。

老白鼻一天一天越得人愛，非常聰明，又非常聽話，每天總逗我笑幾場。他讀了十幾首唐詩，天天教他的老郭念，剛才他來告訴我說：「老郭真笨，我教他念〈少小離家〉，他不會念，念成『鄉音無改把貓摔』！」他一面說一面抱著小貓就把那貓摔下地，惹得哄堂大笑。他念：「兩人對酌山花開，一杯一杯又一杯。我醉欲眠君且去，明朝有意抱琴來。」總要找一個人和他對酌，念到第三句便躺下，念到第四句便去抱一部書當琴彈。諸如此類每天趣話多著哩。

我打算寒假時到湯山住幾天，好生休息，現在正打聽那邊安靜不安靜。我近來極少打牌，一個月打不到一次，這幾天司馬懿來了，倒過了幾回橋。酒是久已一滴不入口，雖宴會席上有極好的酒，看著也不動心。寫字倒是短不了，近一個月來少些，因為忙得沒有工夫。

（民國）十六年一月二日　爹爹

孩子們　今天總算我最近兩個月來最清閑的日子　正在一個人坐在書房裏拿着一部杜詩來吟哦　思順十一月廿九十二月四日思成十二月一日的信同時到了　真高興

今天是陽歷年初二　還是星期　所有大人都進城去了　我昨天才從城裏回來　達達司馬懿六六三天前已經來了　今天午飯後他們娘娘弟弟們去遊頤和園　老郭要去都跟去了　現在只剩我和小白鼻看家

寫到這裏他們都回來了　滿屋子亂喧鬧起來　和一點鐘以前成了兩個世界

你們十个人剛剛一半在那邊一半在這邊　在那邊的一個個都大模大樣　在這邊的都是「小不點點」　真是有趣

相片看見了很高興　莊莊（為什麼沒有戴眼鏡）已經是個大孩子了　照得很漂亮　思永

一九二七年十月二十九日　致孩子們書

孩子們：

又像許久沒有寫信了，近一個月內連接順、忠、莊好多信，獨始終沒有接到思成的，令我好生懸望。每逢你們三個人的信到時，總盼著一兩天內該有思成的一封，但希望總是落空。今年已經過去十個月了，像僅得過思成兩封信，最多三封。我最不放心的是他，偏是他老沒有消息來安慰我一下，這兩天又連得順、忠的信了，不知三五天內可有成的影子來。

我自從出了協和，回到天津以來，每日在起居飲食上十二分注意，食品全由王姨親手調理，睡眠總在八小時以上，心思當然不能絕對不用，但常常自己嚴加節制。大約每日寫字時間最多，晚上總不做什麼工作，「赤化」雖未能驟絕，但血壓逐漸低下去，總算日起有功。

我給你們每人寫了一幅字，寫的都是近詩，還有余樾園給你們每人寫一幅畫，都是極得意之作。正裱好付郵，郵局硬要拆開看，認為貴重美術品要課重稅，只好不寄，替你們留在家中再說罷。另有扇子六把，希哲、思順、思成、徽音、忠忠、莊莊各一。已經畫好，一兩天內便寫成，即當寄去。

思成已到哈佛沒有？徽音又轉學何校？我至今未得消息，不勝悵望。你們既不願意立即結婚，那麼總以暫行分住兩地為好，不然生理上、精神上或者都會發生若干不良的影響。這雖是我遠地的幻想，或不免有點過憂。但這種推理也許不錯，你們自己細細測驗一下，當與我同一感想。

我在這裡正商量替你們行莊重的聘禮，已和卓君庸商定，大概他正去信福州，徵求徽音母親的意見，一兩星期內當有回信了。屆時或思永、福鬘的聘禮同時舉行亦未可知。成、徽結婚的早晚，我當然不干涉。但我總想你們回國之前，先在歐洲住年或數月，因為你們學此一科，不到歐洲實地開開眼界是要不得的。回國後再作歐遊談何容易。所以除了歸途順道之外，沒有別的機會。既然如此，則必須結婚後方上大西洋的船，殆為一定不易的辦法了。我想明年暑假後你們也應該去歐洲了，趕緊商議好，等我替你們預備罷。

還有一段事實不能不告訴你們——若現在北京主權者不換人，你們婚禮是不能在京舉行的，理由不必多說，你們一想便知，若換人時，恐怕也帶著換青天白日旗。北京又非我們所能居了，所以北京恐怕到底不是你們結婚的地點。

忠忠到維校之後來兩封信，都收到了。借此來磨練自己的德性，是再好不過的了，你有這種堅強志意真令我歡喜，縱使學科不甚完備，也是值得的，將來回國後，或再補入國內。某個軍官學校都可以。好在你年紀輕，機會多著呢。

你加入政治團體的問題，請你自己觀察，擇其合意者便加入罷。我現在雖沒有直接作政治活動，但時勢逼人，早晚怕免不了再替國家出一場大汗。現在的形勢，我們起他一個名字，叫作「黨前運動」——許多非國民黨的團體要求擁戴領袖作大結合，大概除了我，沒有人能統一他們。我認為時機未到，不能答應，但也不能聽他們散漫無紀。現在辦法，擬設一個虛總部秘密的——不直接活動而專任各團體之聯絡——大抵為團體，公開的。如美之各聯邦，虛總部則如初期之費城政府，作極稀鬆的結合，將來各團事業發展後，隨時增加其結合之程度。你或你的朋友也不妨自立一「邦」，和現在各「邦」同暗隸於虛總部之下，將來自會有施展之處。我現在只能給你這點暗示，你自己斟酌進行罷。

以上十月廿九日寫

孩子們又像許久沒有寫信了這一个月內連接順書莊好多信獨始終沒有接到巴成的令我好生惦望每逢你們々个人的信到時總盼著一兩天內該有巴成的一封但希望總是落空今年已經過去十个月了像僅得巴成兩封（最多三封）信我最不放心的是他偏是他老沒有消息來安慰我一下這兩天又連得順書的信了不知三五天內可有成的影子來

一九二七年十一月二十三日 致孩子們書

孩子們：

有好消息報告你們。我自出了協和以來，真養得大好而特好，一點藥都沒有吃，只是如思順來信所說，拿家裡當醫院，王姨當看護，嚴格的從起居飲食上調養。一個月以來，「赤化」像已根本撲滅了，臉色一天比一天好，體子亦胖了些。這回算是思永做總司令，王姨執行他的方略，若真能將宿病從此斷根，他這回回家，總算盡代表你們的職守了。我半月前因病已好，想回清華，被他聽見消息，來封長信說了一大車嘮叨話，現在暫且中止了。雖然著述之興大動，也只好暫行按住。

思順這次來信，苦口相勸，說每次寫信便流淚。你們個個都是拿爹爹當寶貝，我是很知道的，豈有拿你們的話當耳邊風的道理。但兩年以來，我一面覺得這病不要緊，一面覺得他無法可醫，所以索性不理會他，今既證明有法可醫，那麼我有什麼不能忍耐呢？你們放下十二個心罷。

卻是因為我在家養病，引出清華一段風潮，至今未告結束。依思永最初的主張，本來勸我把北京所有的職務都辭掉，後來他住在清華，眼看著惟有清華一時還擺脫不得，所以暫行留著。秋季開學，我到校住數天，將本年應做的事，大略定出規模，便到醫院去。原是各方面十分相安的，不料我出院後幾天，外交部有改組董事會之舉，並且章程上規定校長由董事中互選，內中頭一位董事就聘了我。當部裡徵求我同意時，我原以不任校長為條件才應允，雖然王蔭泰對我的條件沒有明白答覆認可。不料曹雲祥怕我搶他的位子，便暗中運動教職員反對，結果只有教員朱某一人附和他。我聽見這種消息，便立刻辭職。他也不知道，又想逼我並清華教授也辭去，好同清華斷絕關係。於是由朱某運動一新來之研究院學生年輕受騙。上一封書匿名。說，院中教員曠職，請求易人。老曹便將那怪信油印出來寄給我，諷示我自動辭職。不料事為全體學生所聞，大動公憤，向那寫匿名信的新生責問，於是種種卑劣陰謀盡行吐露，學生全體跑到天津求我萬勿辭職。並勿辭董事。恰好那時老曹的信正到來，我只好順學生公意，聲明絕不自動辭教授，但董事辭函卻已發出，學生們又跑去外交部請求，勿許我辭。他們未到前，王外長的挽留函也早發出了。他們請求外部撤換校長及朱某，外部正在派員查辦中，大約數日後將有揭曉。這類事情，我只覺得小人可憐可笑，絕不因此動氣。而且外部挽留董事時，我復函雖允諾，但仍鄭重聲明以不任校長為條件，所以我也斷不至因這種事情再惹麻煩，姑且當作新聞告訴你一笑罷。

我近來最高興的是得著思成長信，知道你的確還是從前那活潑有春氣的孩子，又知道身體健康也稍回復了——但因信中有「到哈佛後已不頭痛」那句話，益證明我從前的擔心並非神經過敏了。你若要我絕對放心，務要在寒假期內找醫生精密檢查，看是否犯了神經衰弱的病，若有一點不妥，非把他根本治好不可！你這樣小小年紀，若得了一種痼疾，不獨將來不能替國家社會做事，而且自己及全家庭都受苦痛。這件事我交給思順替我監督著辦，三個月後我定要一張醫生診斷書看著才放心的。

思成的《中國宮室史》當然是一件大事業，而且極有成功的可能，但非到各處實地遊歷不可——大抵內地各名山、唐宋以來建築物全都留存的尚不少，前乎此者也有若干痕跡——但現在國內情形真是一步不可行，不知何時才能有這種遊歷機會。思永這回種種計畫都成泡影，恐以後只有更壞，不會往好處看，你回來後恐怕只能在北京城圈內外做工作，好在這種工作也夠你做一兩年了。

十二點過了，王姨干涉了好幾次了，明天再寫吧。

以上　十一月廿三日

孩子們

有項好消息報告你們，我自出了協和以來，真著的大好而特好一點，藥都沒有吃，只是如里恨本信所說，拿菜素當醫院，王嫂當看護，嚴謹的照起居飲食上調養一個月以來，毒化像已根本撲滅了，臉色一天比一天好，體重也胖了些。這回算是思永、徽總同王嫂挑剔他的方略，若真對我的病說此新根他這回回家從算是我們的破字了。我半月前因病已好，把回清華被他耽久消息，來封告信說了一大串嘮叨的話，現在暫且中止了。

雖然著迷迷與大勸，此只好替自按住。

思順這次來信苦口相勸，說每次寫信便流淚，你們個個都是拿爹爹當寶貝，我是很知道的，豈有拿你們的話當耳邊風的道理？但兩年以來，我一向覺得這病不要緊，一面覺得他無法可醫，所以棄掉不理會他，今既證明有法可醫，那麼我有什麼不願意呢？你們放下十二個心罷。

一九二七年十二月十八日 致梁思成書

思成：

這幾天為你行聘禮，我精神上非常愉快，你想，從抱在懷裡「小不點點」還經過千災百難的。一個孩子盤到成人，品性、學問都還算有出息，眼看著就要締結美滿的婚姻，而且不久就要返國，回到我的懷裡，如何不高興呢？今天北京家裡典禮極莊嚴熱鬧，天津也有相當的小小點綴，我和弟弟妹妹們極快樂的頑了半天。想起你媽媽不能小待數年，看見今日，不免起些傷感，但他脫離塵惱，在彼岸上一定是含笑的。除在北京由二叔正式告廟外，思永在京跟著二叔招呼一切。今晨已命達達專在神位前默禱達此誠意。

我主張你們在坎京行禮，你們意思如何？我想沒有比這樣再好的了。你們在美國兩個小孩子自己實張羅不來，且總覺太草率，有姊姊代你們請些客，還在中國官署內行謁祖禮，婚禮還是教堂內好。才莊嚴像個體統。

婚禮只要莊嚴不要侈靡，衣服首飾之類，只要相當過得去便夠，一切都等回家再行補辦，寧可撙節下點錢作旅行費。

你們由歐歸國行程，我也盤算到了。頭一件我反對由西伯利亞路回來，因為野蠻殘破的俄國，沒有什麼可看，而且入境出境，都有種種意外危險。到滿洲里車站總有無數麻煩。你們最主要目的是遊南歐，從南歐折回俄京搭火車也太不經濟，想省錢也許要多花錢。我替你們打算：到英國後折往瑞典、挪威一行，因北歐極有特色，市政亦極嚴整有新意，新造之市，建築上最有意思者為南美諸國，可惜力量不能供此遊，次則北歐特可觀。必須一往。由是入德國，除幾個古都市外，萊因河畔著名堡壘，最好能參觀一二。回頭折入瑞士看些天然之美。再入義大利，多耽擱些日子，把文藝復興時代的美徹底研究瞭解。最後便回到法國，在瑪賽上船。到西班牙也好，劉子楷在那裡當公使，招呼極方便。中世及近世初期的歐洲文化實以西班牙為中心。中間最好能騰出點時間和金錢到土耳其一行，看看回教的建築和美術，附帶著替我看看土耳其革命後政治。關於這一點，最好能調查得一兩部極簡明的書（英文的）回來講給我聽聽。

思永明年回美，我已決定叫他從歐洲走。但是許走西伯利亞路，因為去比來的危難較少。最好你們哥兒倆約定一個地方碰頭，大約以使館為通信處最便。你們只要大概預定某月到某國，屆時思永到那邊使館找你們便是。

從印度洋回來，當然以先到福州為順路，但我要求你們先回京、津，後去福州。假使徽音在閩預定僅住一月半月，那自然無妨。但我忖度情理，除非她的母親已回北京，否則徽一定願意多住些日子，而且極應該多住。那麼必須先回津，將應有典禮都行過之後，你才送去。你在那邊住個把月便回來，留徽在娘家一年半載，則雙方仁至義盡。關於這一點，諒來你們也都同意。

十二月十八日　爹爹

思成

這幾天為你行婚禮我精神上非常愉快你想從抱在懷裏「小不點點」一个孩子（這經過千災百難的）盤到成人品性學問都還算有出息眼看著就要締結美滿的婚姻而且不久就要返國回到我的懷裏如何不高興呢今天北京家裏典禮極莊嚴熱鬧天津也相當的小小點綴我和弟弟妹妹們極快樂的談了半天想起你媽媽不能小待看見今日不免起些傷感但他脫離塵惱在彼岸上一定是含笑的除在北京由二叔正式告廟今晨已命達達（思永在京跟著二叔招呼一切）思忠在神位前默禱達出誠意

我主張你們在坎京行禮你們意思如何我想沒有比這樣再好的了你們在美國兩个小孩子自己實張羅不來且經費太窘有姊姊代你們請些客還在中國總領事館（婚禮還是教會中好）行謁祖禮才莊嚴像个體統

一九二八年一月二十二日 致孩子們書

孩子們：

我這封信叫思永寫的，你們不要奇怪，為什麼我自己不寫，因為才從醫院出來，要拿筆怕你們干涉，所以口講叫思永寫。又因為我就想著一本小書，口述叫思永寫，現在練習試試。

你們這些孩子真是養得嬌，三個禮拜不接到我的信就嘓嘴了，想外面留學生兩三個月不接家信不算奇怪。我進醫院有三個禮拜了，再不寫信，你們又不知道怎麼抱怨了，所以乘今天過年時，和你們談談。

這回在醫院裡經過的情形，思永已報告過了。本來前四天已要退院，忽然有點發燒，被醫生留著，昨天還是像前年達達那樣要求醫生放假出來過年，因為熱度沒有十分退，不過出來很好，坐火車後，熱度反退了一度，一直到今天，人非常精神。

這回住醫院的結果，他們治療的方針很有點變更，專注重補血。自從灌了兩回血之後，很有功效，我最高興的是他們不叫我吃素了，連雞蛋都一天給我兩個吃了。但是他們雖說蛋白質可吃，卻勸不要吃大多，卻是算來在家裡所吃的肉品比在醫院裡還少，所以往後養病，對食品沒有什麼克苦，還與從前一樣。

醫生說工作是可以做的，不過要很自由的，要放下就放下，但是有固定的職務的事，是不相宜的，所以我決計把清華都辭退了。以後那就依著醫生的話，要做什麼工作，高與一天做三兩點鐘。總之，極力從「學懶」的方面來做，雖然不甘心當這「老太爺的生活」，只好勉強一年幾個月再說。

我想忠忠和莊莊兩人要格外嘅嘴，因為我前幾封幾乎完全講關於思成的事，完全沒有理會到他們。不過這封信還是從思成他們的事說起。

思成、徽音婚禮的事，定了沒有？我希望還是依我前頭幾封信那樣辦。思成這回的信說是要五千國幣或三千美金，我可以給他。前頭寄去給思順的錢，通共一萬六千，現在把最末的一千提出來，剩下一萬五千做資本就是了。過一兩天我再寄一千美金去，共兩千，還有一千就請希哲變把戲，諒來他總有本事可以變出來！至於莊莊今年的學費，不久我這邊還可籌資本過來，大概兩三個月內，或者再匯一兩千添上資本去。到下半年保險費也來了，得到手之後，也要全部寄希哲經理的，諒來雖然現在提開兩千美金，我看希哲有辦法了得了罷。

思成這回去遊歐洲，是你的學問上一部分很重要的事業，所以我無論怎樣困難，你們的遊費總想供給得夠才行。這回之後，我做爹爹的義務就算盡完了。我想你去到的地方，除了美、德、法之外，是北部的瑞典、挪威，南部的西班牙、土耳其。只要能去，雖然勉強，我還是希望你到這幾個地方看看。回來的時候，不要搭西伯利亞鐵路，總是走印度洋的好。因為由俄國來的。入境時青年男女極危險的，所以這筆錢是省不了的。你們細細打聽，做通盤預算，看要用多少錢。我想有了三千，再加清華一千，你們旅行中要過苦點的日子，或者可以夠了。若是徽音家裡，依著成的信，可以貼補點錢，那是更好了，就是不能，勉強這四千何如？實在不夠時我再勉力，我看也未嘗不可以罷。北京圖書館要買的書，我已叫他們把書單和支票趕緊寄加拿大總領事館了。錢在倫敦銀行才可以支。我想這些書大多在歐洲買，而且錢到時，你們已快離美洲了，美洲的書不用買了。書單是三個人開來的，只是供你參考，最後的還是你決定。我的意思，以買美術基本常識的書為主，或者希見難得的書碰機會買些。總而言之，以買基本書為主，無論英、法、德文都可以。

希哲真能幹，他若是依著思順來的信，在那邊三年，我們家裡以後的生計問題都可以解決了。股份的去留都完全由他，無須寫信來問，問了我也不清楚。

思順，你現在在有身孕的時候，要自己格外保養，因為前一回的時候，你媽媽可以跑去，現在你一個在外面，我同王姨都很擔心。你來信說希哲很管你，我說很該。你說老白鼻和你，爹爹是不會罵的，不過老白鼻最怕爹「瞪眼」，你以後要不聽希哲話，他寫信來告你狀時，我也要「瞪眼」哩！

莊莊，你胖到這樣怎麼了？我們現在都想像你的身圓溜溜的樣子。前幾天娘娘還給你寄些衣服去，你穿得穿不得？你現在功課比從前忙多了。過了暑假後，也漸漸格外專門，怕比從前更忙。你的體子本來還好，我也不十分擔心，不過也要節制。每日要拿出幾點鐘來，每禮拜拿出幾天罷來玩玩。因為做學問，有點休息，從容點，所得還會深點，所以你不要只埋頭埋腦做去。

暑假後，你若想到美國去，三哥也已回去了，跟著你三哥也很好，若是你覺得你們這學校很好，不願離開，或者你學校的先生們都願你在那兒畢業，就在那兒讀完也可以的。因為想來你姊姊一兩年內不會離開加拿大。這樣，你或留坎留美，在那邊開個家庭會議決定罷。

忠忠挨打想該挨完了罷？你到底預備在維校幾年？我想你在威校學的政治，總要弄到畢業才好。維校完了之後，還回去威校一年，你的意思怎樣？我不久就要出一本小冊子，講我政治上的主張，其中講軍事的也很多，大概在暑假前後就可以出來，你看見之後一定增加許多勇氣，還可以指導你一條路。你要的書，因為燦哥在北京的時候多，沒有交他寄去，以後看見這些書時，給你寄去就是了。

好幾年都是在外邊過的「野年」，今年可算是在家過年，險些兒被醫院扣留了。現在回到家很高興，孩子們這邊這半。得了壓歲錢，十分高興，不過「過了幾回橋」，又給我得回來不少，還要趕綿羊，老白鼻做莊，輸了錢，大聲哭起來了。

桂兒，你們孟城好玩不好玩？老白鼻有一天問公公說：「我的乾姑娘為什麼用我做乾爹？」這是老白鼻自己的話。公公實在答不出來，你寫封「安稟」來，詳細地把理由告訴他罷。

瞻兒，我聽說你在學校裡，老把第一把交椅把著不肯讓給別人，公公高興得很。你每天在學校裡出來多玩回罷，不然以後真要變成書呆子了。

斐兒，我聽說你會彈琴了。你快彈一個，用無線電打回來，公公這裡有收音機，我同老白鼻也要聽聽。

公公

爹爹思永代筆　正月二十二日

這封雖然是我寫的，卻是裡邊的話幾乎一個一個字都是爹爹。這就的記下來的諾爾德（Note），懶得再抄一遍，請你們對付著看罷。

思永

孩子們：

我這封信叫忠永寫的，你們不要奇怪為什麼我自己不寫。因為才從醫院出來要拿筆給你們寫字，所以只請叫忠永寫的。又因為我發抖著一本加，也叫他來寫，現在練習試試。

你們這些孩子真是養得嬌，三個禮拜不接到我們的信就撒嬌了，想外面的學生兩三個月不接家信，不算奇怪。我從醫院有三個禮拜再不寫信給你們又不知道怎麼報怨了，所以乘今天過年時，和你們談談。

這回在醫院裡住的情形就已親差不多來了。來四天已要出院，忽然一再來有點發燒，醫生留著，昨天還是像為年達，那樣醫生裝做要出來過年折。因為熱度沒有十分退。不過出來很好，也火車經熱度沒退了一度，一直到今天人非常精神。這回住醫院的結果他們治療的方針很有點要注重神經系統，從癱了兩邊之後紙有功動。我前些時他們叫我吃素，一天給我兩個吃了，但是他們雖說要我少吃，都要吃太多，卻是真奇來家裡所吃的肉品比住在醫院裡還少，所以往後營養，對食品沒有什麼忌諱，這點從前一樣。

一九二八年二月十二日　致梁思成書

思成：

得姊姊電，知你們定三月行婚禮，想是在阿圖和吧？不久當有第二封信了。故宮委員事，等第二電來再定辦法。

國幣五千或美金三千可以給你，詳信已告姊姊。在這種年頭，措此較大之款，頗覺拮据。但這是你學問所關，我總要玉成你，才盡我的責任。除此間劃撥那兩千美金外，剩下一千，若姊姊處湊不出這數目，你們只好撙節著用，或少到一兩處地方罷了。我前幾封信都主張你們從海道回國，反對走西伯利亞鐵路，但是若為省錢計，我也無可無不可。若走西伯利亞，要先期告我，等我設法，令你們入境無阻滯。

你腳踏到歐陸之後，我盼望你每日有詳細日記，將所看的東西留個印象，凡注意的東西都留他一張照片。可以回來供系統研究的資料。若日記能稍帶文學的審美的性質，回來我替你校閱後可以出版，也是公私兩益之道。

今寄去名片十數張，你到歐洲往訪各使館時可帶著投我一片，問候他們，托其招呼，當較方便些。你在歐洲不能不借使館作通信機關，否則你幾個月內不會得著家裡人隻字了。

你到歐後，須格外多寄些家信，明信片最好。令我知道你一路景況。

此外，還有許多話叫思永告訴你，想已收到了。

二月十二日　爹爹

畢成　得妹々電知你們定三月廿婚禮想是在陽曆和吧不久當書弟二封信了

故宮長參了　等第二電來再寫兩氏

開學五年我美今三千元給你請你已告妹々在這種年頭搭此輪去々類斷覺掙扎但這是你學問所關我給要成你才有我的責任除此間劃撥那之千之美金外剩下一千美妹々要讀書出這數目你們是好務必即寄用我少則一兩千地

為「知名當世，所至有聲」者畫像

「知名當世，所至有聲」，出自歐陽修《峴山亭記》，讚譽對社會做過貢獻的人將被歷史銘記，正如《千字文》中之「似蘭斯馨，如松之盛」，美名永遠流傳。

梁啟超是近代中國著名的政治家、思想家和文化大師，在戊戌變法時橫空出世，後在歷史舞臺上活躍三十餘年。梁啟超對中國的歷史、政治、文化產生過重要的影響，他最先提出「中華民族」的概念，足可彪炳千秋。

本書沒有全面講述這位被國際極為關注的複雜歷史人物的一生，只是力圖呈現他流亡海外歸來後，住進天津自建的寓所和書齋飲冰室，直至辭世近十五年的生命狀態。飲冰室是梁啟超生命的最後驛站。

筆者一九四〇年代初，生於天津舊義租界馬可波羅廣場之東的別墅裡，離飲冰室書齋不遠。童年時，祖父逢年過節總要帶我到飲冰室書齋，給梁啟超遺孀王桂荃奶奶拜年。其中有一次，我們還遇到梁啟超之女梁思懿在場。六旬的王奶奶會抓一把日式糖果，塞到我的衣袋，或剝一橘子讓我吃。我們告辭時，王奶奶總要下樓，穿過寬大的園子送到大門口，她那慈祥的微笑、周到的禮數，給我留下了深刻的印象。

一九五〇年代一個夏天，我的叔叔——北大畢業，不能忍受筆者奶奶包辦婚姻，逃婚到了臺灣——經香港回到天津探親，又帶我去拜訪王奶奶。王奶奶告訴叔叔，他們全家一致同意，將梁任公留下的珍貴手稿近四百種計八千多頁，全部捐給了北京圖書館（一九九八年更名為中國國家圖書館）。

後來我們兩家同年移居北京。我家住東單，王奶奶住西單，「文革」後兩家永遠失去聯繫。

筆者祖父一生，對大他幾歲的梁任公極為推崇，書房記憶體有《飲冰室文》，祖父能流暢地背誦其《新民說》。受祖父影響，筆者上中學始讀梁任公的文章，雖無緣與前輩謀面，得其耳提面命，但從幼時便熟悉那偌大花園裡充滿神祕氣息的飲冰室，竟也覺得與梁任公並不陌生。長期讀其作品，精神濡染，文氣滋養，讓筆者一生受益。

早就有為大師作傳的念頭，但梁任公畢竟是辭世多年的人物，我瞭解並不多。我長期在中國人民文學出版社工作，從老同事聶紺弩、老上司樓適夷和嚴文井那裡得到了不少關於梁任公的資訊和臧否，而且社裡關於梁任公的圖書資料和相關資料非常豐富，但因工作繁忙，我一直無暇動筆。退休之後，經過十多年的準備，我撰寫《民國清流》系列中的《走出晚清：大師們的涅槃時代》一卷時，便是以梁啟超為主角的。我創作時，傾注了極大的熱情，不吝筆墨，以激揚文字為其畫像。

如今，我撰寫《梁啟超在飲冰室》一書時，愈發覺得自稱「中國近代史少了一個梁啟超，就要重寫」的歷史老人，是如此熟稔、親切。我彷彿在與他暢談他在飲冰室的過往經歷，聽他娓娓講述飲冰室裡鮮為人知的史事。

本書既然決定要形象地呈現梁任公的真實面貌和生命形態，力求達到梁任公「畫我像我」的藝術高度，就採用以其主要活動為主，其信箚為輔，按年代編織的手法，堅守「其言直，其事核，不虛美，不隱惡」（班固《漢書・司馬遷傳》）的創作原則，精心刻畫梁任公。這也是撰寫《民國清流》七卷本秉承的創作原則。

我已八十有二，垂垂老矣，不僅學識淺薄，記憶又明顯衰退，撰寫中難免有疏漏、謬誤之處，望讀者諒我。

二〇二四年一月十九日是梁任公辭世九十五周年祭，謹以本書為一束鮮花，祭悼這位「知名當世，所至有聲」的歷史偉人。是為跋。

癸卯年冬於抱獨齋

梁啟超在飲冰室

從思想先驅到飲冰室主人，看盡梁啟超熱血跌宕的後半生

作　　者	汪兆騫
發 行 人	林敬彬
主　　編	楊安瑜
編　　輯	林佳伶
內頁編排	方皓承
行銷經理	林子揚
行銷企劃	徐巧靜
編輯協力	陳于雯、高家宏
出　　版	大旗出版社
發　　行	大都會文化事業有限公司 11051 台北市信義區基隆路一段 432 號 4 樓之 9 讀者服務專線：（02）27235216 讀者服務傳真：（02）27235220 電子郵件信箱：metro@ms21.hinet.net 網　　址：www.metrobook.com.tw
郵政劃撥	14050529 大都會文化事業有限公司
出版日期	2025 年 07 月初版一刷
定　　價	520 元
I S B N	978-626-7284-94-0
書　　號	B250701

Banner Publishing, a division of Metropolitan Culture Enterprise Co., Ltd.
4F-9, Double Hero Bldg., 432, Keelung Rd., Sec. 1, Taipei 11051, Taiwan
Tel: +886-2-2723-5216　　Fax: +886-2-2723-5220
Web-site: www.metrobook.com.tw
E-mail: metro@ms21.hinet.net

國家圖書館出版品預行編目（CIP）資料

梁啟超在飲冰室：從思想先驅到飲冰室主人，看盡梁啟超熱血跌宕的後半生 / 汪兆騫著 -- 初版 -- 臺北市：大旗出版社出版：大都會文化事業有限公司發行，2025.07
336 面；17×23 公分 . -- (B250701)
ISBN 978-626-7284-94-0(平裝)

1. 梁啟超 2. 傳記

782.884　　114003067